LUIS MARQUETTI
GIGANTE DEL BOLERO

El hombre sin rostro

Library of Congress Control Number: 2019900725

Primera edición: Editorial Unicornio, 2001

Segunda edición: Editorial Unicornio, 2013

©De la presente edición: Unos&OtrosEdiciones, 2019
Luis Marquetti, gigante del bolero: El hombre sin rostro
©Luis César Núñez González
Edición y Maquetación: Armando Nuviola
Diseño de portada: Armando Nuviola
ISBN 10: 10: 0-9998707-5-0
ISBN13: 13: 978-0-9998707-5-4

www.unosotrosculturalproject.com
Prohibida la reproducción total o parcial, de este libro, sin la autorización previa del autor.

infoeditorialunosotros@gmail.com
Hecho en USA, 2019

LUIS MARQUETTI
GIGANTE DEL BOLERO

El hombre sin rostro

LUIS CÉSAR NÚÑEZ GONZÁLEZ

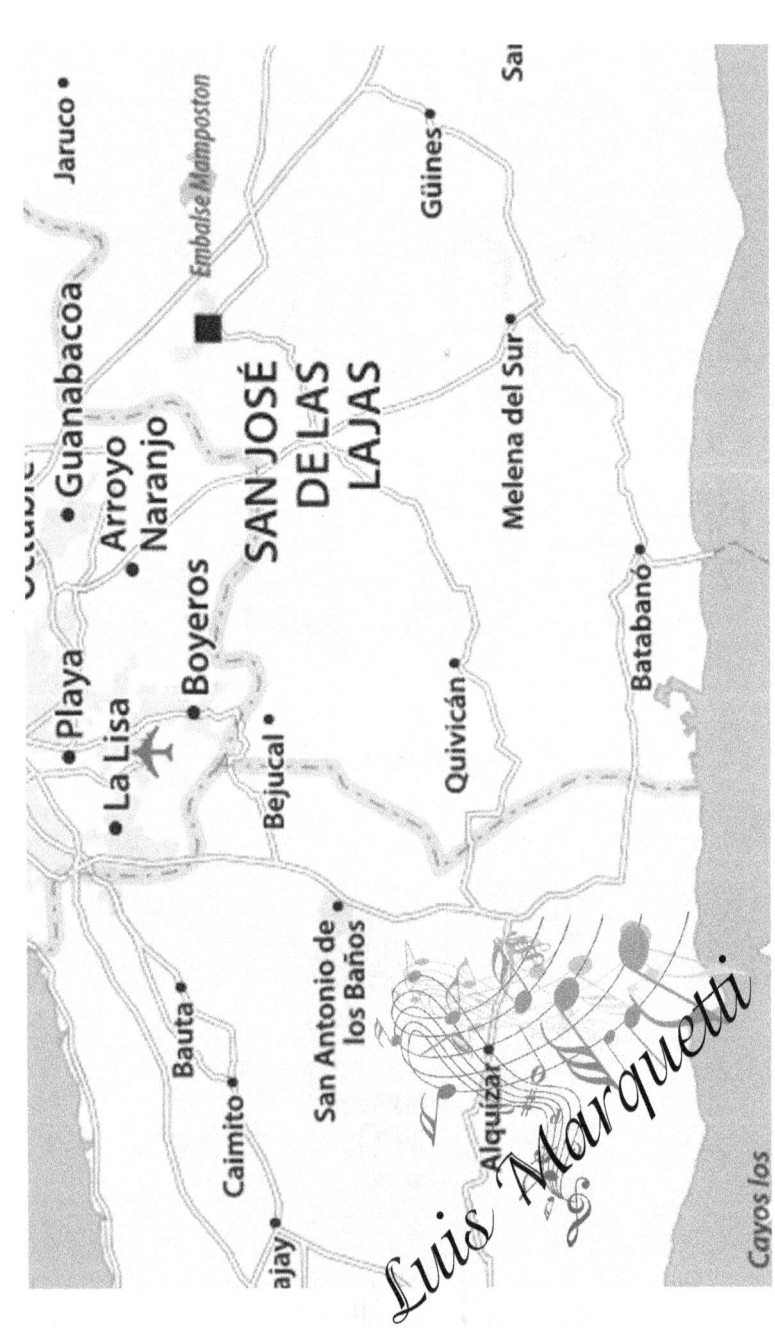

Hoy quisiera para Luis
Un regalo distinguido
De valioso contenido
Y que lo hiciera feliz.

Que tenga el bello matiz
De un adorno verdadero,
La utilidad del acero
La fineza de un agudo
Sencillo como un saludo
Brillante como un lucero.

Algo como la grandeza
En un vaso de cristal
Un fluido manantial
Brotando de una cereza.
La creación, la entereza,
Simbolizando el esfuerzo
El amor del Universo,
Tan popular como el ajo,
Que suene como el badajo
Y quepa en un solo verso.

Con una lupa en la mano
Empecé a buscar la joya
Como si un cuadro de Goya
Pudiera verse en un grano.

Anduve a paso liviano
Pero el tiempo se me fue
Y busqué, busqué y busqué
Raudo como una perdiz
Algo así, como otro Luis
Pero eso, no lo encontré.

ANTOLIANO SÁNCHEZ «TOYO»

Has partido a un viaje sin regreso.
Has partido, y nunca volverás.
Pero quedas en todas tus canciones,
En esas melodías, que siempre vivirán.

LUIS CÉSAR NÚÑEZ GONZÁLEZ

Unas palabras previas

Este libro es una nueva edición corregida y ampliada. La primera se tituló *Gigante del bolero,* en la segunda se dio a conocer que el creador a quien se identificaba era *Luis Marquetti Marquetti,* y en esta —tercera— *Luis Marquetti, gigante del bolero, el hombre sin rostro.*

Desde Barranquila, Colombia, el señor Eugenio Ponce Vega le escribió a Luis Marquetti explicándo que en ese país se afirmaba que él no existía, pues jamás se le había visto, por lo que surgió la Leyenda: El hombre sin rostro. Agregaba en la misiva que varios autores, con el fin de percibir sus derechos inscribían con el nombre de Marquetti sus obras. Realmente es algo totalmente ilógico.

En la carta, hoy conservada en el Museo de Historia Muncipal Alvaro Reynoso Valdés, de Alquízar le solicitaba que hiciera un *bolero* con ese título. Marquetti jamás lo intentó. Al conocer yo el texto, Gracias a Dios, pude hacer ese *bolero.*

Con Ponce tuve intercambios epistolares y por teléfono. Hoy lamento su fallecimiento, pues me fue imposible, por razones ajenas a mi voluntad, enviarle el tema que deseaba.

Deseo también agradecer la ayuda brindada por:

La familia Marquetti,

Dulce María Sotolongo Carrington.

Armando Nuviola.

Gaspar Marrero.

Jairo Grijalba.

Para todos mi aprecio.

Luis César Nuñez González

Lo que hubiera querido escribir...

Confieso mis deseos de haber escrito las páginas de este libro, felizmente hilvanadas por Luis César Núñez para hablarnos de Luis Marquetti. Me une con Luis César, pese a la distancia geográfica, una sólida amistad, surgida al calor de nuestros mutuos esfuerzos por defender y mantener vivas las hondas huellas de los grandes músicos cubanos.

Una agradabilísima sorpresa resultó encontrar en la librería principal de esta, mi nueva ciudad, la primera edición de este necesario panegírico. Y debo revelar, a fuerza de ser justo, cuánta satisfacción me hubiera brindado ser el autor de tamaña tarea, como esta de biografiar a quien —y Núñez no exagera un ápice— es el más importante compositor de boleros en Cuba.

Es esta la primera semblanza de Luis Marquetti, alguien con singulares dotes para la composición y, a la vez, con extraordinaria ejecutoria como educador. Cuando la celebridad y la fama de muchos boleros se basaba en el morboso retorno a las consecuencias de la infidelidad abierta, el supuesto desahogo etílico e, incluso, la incitación a la violencia como única forma de salvar el mancillado honor, Luis se las ingenió para conjugar sus prédicas escolares de cada día y su ejemplo personal: búsquese tan solo un verso de los textos concebidos por el querido autor donde el respeto, la elegancia y, a veces, hasta el acercamiento a los recursos de la literatura no demuestren su apego a las buenas costumbres, aún en las circunstancias más adversas descritas por sus creaciones.

Téngase en cuenta la coexistencia, en sus años de esplendor, con celebérrimos autores de boleros como Rafael Hernández, Agustín Lara y Pedro Flores para comprender la enorme valía de toda la obra de Luis Marquetti, apreciada al mismo nivel. Muchos fueron los cantantes boricuas y mexicanos interesados en agregar a sus repertorios, pese a contar en su país con nombres reconocidos en el ambiente musical, cualquiera de las páginas imborrables surgidas del talento del siempre presente creador alquizareño.

No hace falta mencionar títulos: prácticamente todos los boleros compuestos por el maestro conquistaron a intérpretes de todo el continente. Desde aquel memorable encuentro con Pedro Vargas y el estreno radial de «Deuda», Luis Marquetti devino referencia obligada en el mundo del *bolero*. Hoy día, cuando diferentes plazas latinoamericanas hacen hincapié en la vigencia eterna del género —nacido en Cuba y desarrollado hasta la saciedad en otros lares americanos y europeos—, el nombre de este modesto, caballeroso y fecundo autor constituye un verdadero hito musical.

Luis César Núñez nos conduce, corazón, sentimientos y búsqueda mediante, no sólo a la vida y los sucesos que marcaron los casi noventa años de existencia del famoso creador de boleros, sino también a la villa natal, a Alquízar, a la sana costumbre de las visitas familiares o amistosas en los domingos de los pueblos alejados del *mundanal ruido* característico de las grandes urbes —de La Habana—, donde, en singular contradicción, el silencio es roto por casi ensordecedores equipos de música, encendidos en aburrida tarde para escuchar, quién sabe, algún *bolero* de Luis capaz de mitigar la pena sufrida por desamor, deslealtad o, sencillamente, capricho. Tal vez quienes, agraviados por el ser amado, se refugien en «Amor, qué malo eres», «Deuda», «Cualquiera se equivoca» o «Entre espumas», por sólo mencionar algunos; imaginen a un Marquetti experimentado, pródigo en lances amorosos y apto para aconsejar, con conocimiento absoluto de la escuela del dolor marcada por una azarosa y accidentada existencia.

Este es, quizás, el mayor mérito de Luis Marquetti: un actor debe convencer en el proceso de identificación con el personaje a encarnar. Y Luis convence —y deleita, a la vez— con sus boleros (y con sus sones y guarachas) cual si reflejaran de modo fidedigno todos los capítulos vividos. Su biógrafo logra presentarnos al Luis Marquetti de su hogar, de su pueblo, de su gente y defensor de las causas justas —el aporte a la batalla de los autores musicales contra los despojos económicos de los cuales eran objeto—, muy diferente del referido en sus textos, felizmente incluidos en el presente volumen.

Múltiples son los puntos de vista consultados: desde el prisma académico hasta el pedagógico, del literario al netamente musical, la imagen del amigo, del hijo, del padre y del esposo, orgulloso de su compañera de años, aún después de su partida. Todo ello, a manera de peculiar boceto, nos dibuja la personalidad de esta figura indispensable en nuestra cultura nacional.

Hábilmente, el autor salva el escollo representado por sus confesados sentimientos filiales ante la necesidad del justiprecio del biografiado. Ello explica su estilo intencionadamente ambivalente, movido entre la evocación del amigo y el tecnicismo del investigador. Por ello, estas cuartillas, escritas en lenguaje claro y comprensible, resultarán atractivas para los lectores —máxime quienes hayan disfrutado (disfrutan) de la obra musical de Luis Marquetti— y para los estudiosos, quienes hallan, en fuente primaria, información esencial acerca del compositor: catálogo, textos de boleros, relación de intérpretes, reconocimientos, anecdotario y otros pormenores.

Luis César Núñez, cuyos vínculos con la familia Marquetti propiciaron, a no dudarlo, esta difícil empresa biográfica, evade aquí agotar otros posibles análisis, factibles, desde todo punto de vista, a juzgar por la indiscutible grandeza del venerado autor. Lo hace de manera premeditada: se trata de una excelente excusa para aproximar a otros al legado del creador. En ocasiones —y con el mayor deseo de profundizar en el estudio acerca de cualquier persona o tema— los autores escudriñamos hasta el infinito, con tal de agotar las fuentes y los enfoques posibles. Sin desearlo, eliminamos la posibilidad de otros a abocarse al mismo asunto. Por el contrario: Núñez deja abiertas las sendas para una continuación del estudio de Luis Marquetti —bien valdría la pena un análisis técnico, musicológico y literario, como el propio cronista propone aquí— como muestra de la importancia y, principalmente, la trascendencia de su amplísimo catálogo musical.

No tuve el honor de dialogar siquiera dos minutos con el compositor de tantas y tantas piezas inolvidables, no solo para el público de su Cuba natal, sino para muchos públicos de México, Colombia, Ecuador, Venezuela, España, Puerto Rico o la mismísima Argentina —Chile tuvo en Lucho Gatica una muestra de su interés por la música de Luis—. Personalmente, mi encuentro inicial con sus boleros la propició mi afición de siempre por las orquestas cubanas: un buen día, Rolando Valdés llevó a su popular Orquesta Sensación a Eddy Álvarez —hermano del ya célebre Fernando— y, en peculiar grabación (con minúsculo diálogo incluido), descubrió para mi gusto infantil aquellos «Plazos traicioneros» surgidos en una coyuntura económica cotidiana de la época, pero traducidos mañosamente a una situación amorosa.

No oculto mi aspiración insatisfecha de conversar, al menos una vez, con Luis Marquetti. No obstante, tuve, como compensación, la fortuna de contar con el apoyo de Pablo, uno de sus hijos, sin cuyo concurso no hubiera sido posible una de mis obras más entrañables. Aquellas horas en su casa del Vedado —y su diligente ayuda al propiciarme, en gesto inolvidable, una sorpresiva e inesperada entrevista con Senén Suárez, otro amigo de los años y músico de los grandes— significaron mi primera gran aproximación hacia la creación y la vida de su padre.

Ello explica, pues, mi inmensa alegría al conocer de este primer ensayo biográfico acerca de la máxima representación del *bolero* en Cuba —calificativo elocuente, en una tierra de boleros y boleristas.

Pido perdón a mi amigo Luis César —a quien, por encima de todo, agradezco su confianza—, si acaso estas líneas carecieran de los mínimos requerimientos de un prólogo con todas las de la ley. Estoy convencido de cuánto de atracción representarán —para el lector interesado y, mayormente, para quien pueda cantar a ratos muchas de las piezas musicales evocadas en esta biografía mínima- la obra, las opiniones, los boleros (¡ah, sus boleros!), la vida misma de un hombre y un nombre, el de Luis Marquetti, imprescindibles en la historia del *bolero cubano* y en la maravillosa leyenda de la canción romántica latinoamericana.

Gaspar Marrero
Sancti Spiritus, 28 de agosto de 2006

Prólogo

Decir Luis Marquetti es decir bolero. Marquetti fue ante todo un compositor de boleros, de grandes boleros, de algunos de los más bellos boleros de la historia. Aunque compuso guajiras, congas, sones, guarachas y pregones, lo suyo fue el bolero. Las letras que escribió, y que puso en manos de los más destacados intérpretes de su época, lo llevaron a la inmortalidad, y a alcanzar el sitial que hoy ocupa como uno de los más importantes compositores de boleros de todos los tiempos, equiparable con los mexicanos Agustín Lara, María Grever, Alberto Domínguez, Armando Manzanero y Consuelo Velásquez, los puertorriqueños Pedro Flores y Rafael Hernández y sus coterráneos cubanos Julio Gutiérrez, Orlando de la Rosa, Osvaldo Farrés, Frank Domínguez, Marta Valdés, Miguel Matamoros, René Touzet, Ernesto Lecuona, José Antonio Méndez y César Portillo de la Luz.

La primera vez que supe de las composiciones de Luis Marquetti fue en 1969 hace cincuenta años, durante mi infancia en Popayán, ciudad del sur-occidente colombiano, gracias a mi madre Elena Ruiz Castro quien era una genuina seguidora de los boleros interpretados por Toña La Negra y sintonizaba en la radio local la voz inconfundible de la cantante veracruzana interpretando «Llevarás la marca», una de las tonadas surgidas de la inspiración de Marquetti que mayor difusión internacional alcanzó, extendiéndose desde Cuba hasta los más remotos confines de América Latina.

Si por algo recuerdo a mi madre es por la buena memoria que tenía para aprender las letras de los boleros, y las composiciones de Marquetti estaban entre sus favoritas, en especial «Llevarás la marca», cuya letra, en su primera cuarteta, dice:

Yo comprendo

Que en mi pobreza llevo mi rival,

Porque tengo un corazón de pueblo

Me asesinas a sabiendas que haces mal.

A mediados de la década del cuarenta del siglo pasado, época de oro del bolero en América y en la península ibérica, el nombre de Luis Marquetti alcanzó enorme resonancia, primero en su país natal, y después en el mundo, ya que sus boleros incursionaron con propiedad en la industria del disco y alcanzaron distribución planetaria, no solo por la frecuencia con la que fueron difundidos en la radio, obteniendo inmediata promoción, sino por la vastedad y variedad de intérpretes de todas las latitudes de Europa y América que llevaron las creaciones del compositor alquizareño al disco, y algunas de ellas incluso a las bandas sonoras del cine.

El bolero, ha sido, es y seguirá siendo el género musical con el que mejor se han identificado los latinoamericanos a lo largo del tiempo, por varias razones: por su romanticismo, fácil de asimilar, las letras bien escritas que van directo al corazón y por la cercanía corporal que representa para los enamorados bailar su suave y cadencioso ritmo, todo lo cual lo convirtió en la mejor representación del amor.

Para contextualizar la época en la que vivió Luis Marquetti, hay que decir que nació en Alquízar, pequeño municipio de la actual provincia de Artemisa —hasta finales del 2010 perteneció a La Habana— el 24 de agosto de 1901 y falleció en esa misma localidad el 30 de julio de 1991 ya cercano a los noventa años de edad. Comenzó su labor como compositor durante la madurez de la vida, en 1941, cuando escribió su primer bolero, titulado «A ti madrecita mía»; a partir de ese momento, y hasta el final de su existencia, no paró de escribir, convirtiendo cada una de sus composiciones en un rotundo éxito de alcance mundial, en especial en cuanto a cifras de ventas de discos, rubro en el que hay que considerarlo un verdadero peso pesado del género bolerístico.

Su primer gran hit fue «Deuda», estrenado en Cuba en 1945 por Orlando Vallejo durante un bailable en un club social de Alquízar en el cual el cantor de Arroyo Arenas se hizo acompañar por la Orquesta Ideal, la famosa charanga que dirigía el legendario flautista Joseíto Valdés Catani; pero curiosamente Vallejo no fue el primero en grabar la célebre composición, la más universal de todas las escritas por Marquetti, ya que ese honor le correspondió a Don Pedro Vargas, el recordado cantante mexicano, conocido como El tenor de las Américas, quien, valiéndose de su portentosa voz, impuso el nombre de Marquetti por todos los confines del continente, previo contrato en el que se comprometió a grabar aquel bolero en Nueva York para la RCA Víctor, con una tirada de quinientos mil ejemplares.

Marquetti y Vargas se conocieron de manera fortuita en Radio Suaritos de La Habana, empresa radial a la que el compositor acudió con la letra de su canción en busca de un vocalista que quisiera darla a conocer públicamente. Laureano Suárez «Suaritos», el director y propietario de la emisora quedó encantado con la letra, impactante a primera vista, y se la mostró a Vargas, quien se encontraba de visita en la capital cubana para una temporada de actuaciones en aquella radio. La composición dejó deslumbrado al tenor de San Miguel de Allende, el resto es historia.

Esto representó el punto de partida del éxito y del reconocimiento que Marquetti alcanzaría a lo largo de las siguientes cinco décadas, lapso en el cual —además de «Deuda»— inscribió en el firmamento musical decenas de boleros famosos. Pero fue tal la aceptación de «Deuda» y tan grande el volumen de las ventas, que con el paso de los años Marquetti recibió por regalías de los derechos autorales una considerable suma de dinero que le permitió ampliar su casa en Alquízar a la que desde entonces llamó Villa Deuda.

Marquetti fue también el autor de boleros como «Con un poco de fe», tema popularizado por Vicentico Valdés, «Aquí entre nosotros», llevado al disco por Daniel Santos,»Plazos traicioneros», del cual ha quedado para la posteridad la versión neoyorquina de Celia Cruz, «Allí donde tú sabes» grabado por Barbarito Diez, «Amor que malo eres», que fue dado a conocer en México por Los Tres Diamantes y «Entre espumas» registrado en disco con el estilo inconfundible de Roberto Espí y el Conjunto Casino.

Antes de que su amigo y biógrafo Luis César Núñez González escribiera este libro, sobre Luis Marquetti (el hombre) el público en general sabía muy poco.

En Colombia las canciones de Luis Marquetti se hicieron populares en las voces de los intérpretes de la Sonora Matancera como Bienvenido Granda, Daniel Santos, Celio González, y Leo Marini, por esta razón a Marquetti lo apodaron El hombre sin rostro, debido a que los boleros del inspirado bardo alquizareño se escuchaban por todas partes en las victrolas, en la radio, y los discos eran adquiridos en grandes cantidades, convirtiéndolo en un fenómeno de ventas, pero de su aspecto físico nada se sabía, ya que en todas las portadas de los discos que contenían sus canciones figuraban las fotografías de los intérpretes pero no la del insigne compositor.

Desde la década de los ochenta la televisión cubana les facilitó a sus seguidores en el mundo hacerse una idea de la fisonomía del creador de aquellos boleros, ya que antes de esa época Marquetti no acostumbraba a aparecer públicamente debido a su inveterada modestia. El compositor era un maestro de escuela dedicado al magisterio en un establecimiento público de educación primaria de la localidad que lo vio nacer. Sin embargo, la leyenda de El hombre sin rostro surgida del ingenio del barranquillero Eugenio Ponce Vega, un seguidor de la obra de Marquetti en nuestro país, se ha mantenido en pie hasta nuestros días.

Tal vez la forma más objetiva y palpable de medir la importancia de un compositor es hacer un balance de los intérpretes que a lo largo y ancho del mundo han puesto sus voces para dar a conocer su obra y grabarla para la posteridad. En el caso de Luis Marquetti, los más grandes boleristas se ocuparon de sus canciones: Antonio Machín en España, Celia Cruz y Tito Rodríguez en los Estados Unidos, Lucho Gatica en Chile, Pedro Vargas y Toña La Negra en México, Carlos Julio Ramírez en Colombia, Alfredo Sadel en Venezuela, Julio Jaramillo en Ecuador y Leo Marini en Argentina.

En el caso de Puerto Rico, vocalistas de valía han llevado por el mundo las composiciones de Marquetti, tales son los casos de Johnny Albino y su Trío San Juan, Héctor Lavoe, Bobby Capó y Cheo Feliciano.

Como era de esperarse, la lista de intérpretes cubanos que han incorporado en su repertorio las obras de Marquetti es extensa y continuará en aumento con el paso de los años, pero por citar tan solo unos nombres, podemos recordar cantantes de la talla de Fernando Albuerne, Barbarito Díez, Roberto Sánchez, María Elena Pena, Lino Borges, Roberto Faz, Celio González, Annia Linares, Panchito Riset, Nelo Sosa, Gina León, Manolo Del Valle y Elena Burke.

La tercera edición del libro de Luis César Núñez González titulado *Luis Marquetti. Gigante del Bolero: El Hombre sin Rostro* llega en un momento oportuno ya que contribuye a perpetuar la leyenda de Marquetti a lo largo del tiempo, acercando su obra a las nuevas generaciones de latinoamericanos amantes del bolero. Dos ediciones anteriores, publicadas en Cuba se agotaron y en la actualidad circulan sin duda alguna en manos de los fervorosos lectores que continúan degustando las composiciones del alquizareño universal. En tal sentido, en esta tercera edición ampliada y corregida, el amable lector no solamente encontrará sintetizada la información biográfica que nos habla de los avatares de la vida cotidiana del compositor y de las condiciones objetivas en las que nacieron sus numerosas creaciones, sino un exhaustivo registro de sus boleros, fotos, y testimonio de quienes lo conocieron personalmente y compartieron con él en ambientes tan disímiles como la vida escolar, los medios televisivos, la radio, la sociedad de autores, opiniones de sus hermanos, colegas de magisterio, exalumnos y vecinos de Alquízar, quienes nos dan cuenta de la humildad y modestia donde el compositor solía vivir, así como también aparecen las certeras apreciaciones de músicos, locutores de radio, cantantes, compositores, presentadores de televisión y gentes del mundo del espectáculo en el que Marquetti se desenvolvió profesionalmente, sobre todo, a partir de la década del ochenta, cuando se hizo más visible como artista a través de los medios masivos de comunicación.

Antes de su deceso, ocurrido en 1991, Marquetti ya lo había dicho todo a través de las exquisitas letras de sus numerosos boleros, escritas para perdurar en el corazón y en la memoria del pueblo, donde encontraron un lugar de privilegio, pero, a no dudarlo, al público latinoamericano y a las legiones de seguidores de la obra de Marquetti que se extienden por el mundo, les estaba haciendo falta una edición como esta, la cual tiene el mérito singular de abarcar de manera sucinta y directa todos y cada uno de los aspectos relevantes de la vida y de la carrera del Hombre sin rostro.

Luis César Núñez González ha realizado un riguroso trabajo de investigación, desarrollado a lo largo de varios años, para entregarnos un retrato estupendo de Luis Marquetti a partir de la revisión de valiosas fuentes documentales.

Núñez González además nos ofrece en el libro el catálogo de las obras más populares de Marquetti, una relación de las grabaciones y de los intérpretes que las inmortalizaron, así como también el cancionero con las letras de las composiciones del legendario alquizareño, y una reseña de los incontables galardones y reconocimientos que obtuvo en vida procedentes de instituciones locales y nacionales.

En las siguientes páginas los amables lectores podrán disfrutar con más detalle la historia de Luis Marquetti, incitador pretexto para regresar a sus boleros inmortales condensados en las decenas de versiones grabadas que circulan en los discos por los más insospechados lugares del mundo.

Jairo Grijalba Ruiz. Popayán, Colombia, 13 de enero del 2019

El hombre

Alquízar es un municipio situado al sureste de la actual provincia cubana de Artemisa. La localidad debe su nombre a su fundador, Sancho de Alquízar Gamboa, un marino y militar español que fue Gobernador y Capitán General de Cuba. Este territorio de tierra fértil para el cultivo de vegetales, es también prolífica en importantes nombres en la ciencia, el arte y la literatura. En la música se destacan figuras como René Cabel, el Tenor de las Antillas, Gilberto Randall y el compositor Luis Marquetti.

Luis Marquetti Marquetti nace el 24 de agosto de 1901, a las 5 p. m. Tomó Joaquina, la progenitora, el nombre de su esposo para el pequeño recién nacido en la calle Pedro Díaz # 16, hoy avenida 89 # 7013 —muy próxima al parque donde se levanta la Iglesia Católica que sustituyó al primer edificio eclesiástico levantado por el Obispo Trespalacios en 1826— y en la que recibió su bautismo el día 2 de febrero de 1916, oficiando el Presbítero Fructuoso Álvarez y teniendo como padrino a Don Teófilo Marquetti y madrina a Doña María Luisa Marquetti.

Su niñez fue la propia de alguien que dependía de los exiguos ingresos de su padre, los que eran tan escasos y tenían que compartirse entre todos. Tal situación transformó al alumno del profesor Rafael Mohedano en el trabajador que, colocado debajo del conductor (tandem) del Central Fortuna, recolectaba las cañas caídas para que alimentaran los molinos y fueran transformadas en azúcar, esto le proporcionaba ingresos adicionales y facilitaba la adquisición de alguna ropa deseada a sus 10 años de edad.

Al finalizar el quinto grado, la labor de Mohedano pasó a ser ejercida por el profesor José Corós Barreras, alguien con extraordinaria influencia en la vida de Marquetti.

Cuando el joven concluyó el sexto grado, no tenía definición alguna sobre su futuro, aunque ansiaba ser abogado o médico. Un día, tratando de profundizar sus conocimientos sobre el río Mississippi llegó a la casa del antiguo maestro. La conversación entre ambos fue derivando hacia el porvenir del joven, con los antecedentes del pasado y el panorama del presente. Corós admiraba los profundos conocimientos, la excelente ortografía adquirida tanto en su aula como en el hogar —donde su padre en una ocasión le hizo copiar íntegramente la novela *Yo Acuso* de Emilio Zola—, y le pregunta:

—¿Por qué no te haces maestro?

Varios fueron los argumentos empleados por Luis: vocación, situación económica. Uno a uno fueron refutados. El aspecto económico fue resuelto de inmediato. Al igual que otros jóvenes alquizareños, recibiría formación gratuita en la Academia donde el profesor impartía las materias objeto de exámenes para el ingreso en la Escuela Normal Para Maestros de La Habana, institución docente que lo acogió entre 1918 y 1922.

Al graduarse, fue asignado en un aula de primer grado de la Escuela Pública # 1 de Alquízar el día 12 de septiembre de 1922. La plaza estaba vacante ante la negativa de otros maestros en hacerse cargo de la enseñanza de alumnos con notable retraso escolar, pues como el propio Luis relató, muchos tenían 15 y 16 años de edad. Él aceptó lo que indiscutiblemente era un reto y así comenzó el ejercicio del magisterio. La escuela comenzó a ser testigo de los novedosos métodos empleados por el joven educador para la formación de hábitos laborales en sus alumnos, combinando sabiamente el estudio con el trabajo agrícola.

El quehacer cotidiano tuvo un giro cuando, el 29 de diciembre de 1926, contraían matrimonio la Srta. Zoila Fariñas Morera y el joven Luis Marquetti Marquetti. De esa unión nació su primer hijo, Luis. Años más tarde desavenencias e incompatibilidades entre ambos desembocaban en la ruptura matrimoniar.

Corrían los años 30 del siglo XX. La vida del maestro transcurría sin hechos notables. Bullían en él inquietudes literarias que adquirían forma de poemas relacionados con fechas patrias y próceres. Un ejemplo de ello es éste dedicado a José Martí.

Martí

Tú naciste cual los dioses congregando voluntades;
Perfumaste con tu nombre las sagradas libertades
Infiltrando con tu verbo tu poder a la Nación;
Tú que fuiste para todos, el mentor de aquel momento,
Una estrella luminosa la que allá en el firmamento
simboliza lo adorado, purifica el corazón.

Tú que fuiste de las almas el poeta consagrado
Por tu cántico divino serás siempre comparado
Con lo mágico y sublime de feliz adoración;
Del pasado que resurge como gratas esperanzas,
Tú serás la luminaria y como santas remembranzas
Vivirás en nuestras mentes con intensa irradiación,

De Maisí hasta San Antonio tu buen nombre se repite;
Por tus glorias de cubano tu civismo no se omite;
De un confín a otro confín, todo humano te venera;
Por encima de los cardos que cubrieron tu camino
Anduviste como un Cristo, como humilde peregrino
Cultivando la semilla del amor por dondequiera.

¡Oh Martí! Tu imagen vive como el alma de un profeta;
Tus anhelos resplandecen en tus versos de poeta
Con la mágica terneza del perfume de una flor;
Tú la muerte desafiaste para conquistar la vida
Fuiste noble, generoso, triunfador que no se olvida,
Paladín que en nuestra patria diera ejemplo de valor.

¡Martí! Dicen las palomas cuando salen de sus nidos;
La campana de la iglesia, ¡Martí! Dice en sus tañidos;
Y con notas misteriosas que se pierden dulcemente,
¡Martí! Dicen en sus trinos con acento melodioso
Los sinsontes mañaneros desde el ácana frondoso
Que se oculta en las praderas de la patria independiente.

Cuba entera hoy conmemora con un júbilo profundo
Tu feliz advenimiento, las glorias que diste al mundo
Admirando con orgullo tu sentir de apostolado;
Como el humo del incienso que se expande en los altares,
Que se esparzan tus palabras por la tierra y por los mares
Como prédicas de dioses desde el púlpito sagrado.

¡Si Maestro, que se esparzan y que en nuestros corazones
Repercutan cual hosannas! ¡Que mitiguen las pasiones!
Si florecen las ortigas mencionadas por tus labios

Y en la albura de tus rosas fenecieran las esencias,
¡Oh Maestro! Purifica, purifica las conciencias
Con las múltiples doctrinas que heredaste de los sabios.[1]

También escribió dos novelas, aún inéditas, *La Finca* y *Odio y Amor*. Continuaba ejerciendo el magisterio en medio de la convulsa situación nacional vivida bajo el régimen de Gerardo Machado. Tal fue su vocación que no abandonó el aula aun cuando durante seis meses del año 1933 no percibiera salario alguno. En la propia escuela conoció a una joven maestra que despertó su admiración. Hablaban sobre magisterio, arte, y otros temas. Un día el tema fue otro, ya inevitable por lo que iba naciendo entre ambos.

La respuesta marcó el inicio de una bella unión. A partir de ese instante no podía hablarse sólo de Luis. Habría que hablar para siempre de Aida y Luis. Ambos formalizaron su matrimonio ante el notario Carlos Jiménez, del Juzgado Sur de La Habana, el 23 de julio de 1935.

Vencida esta etapa nuevas ideas prosperaron. Creció la familia y el hogar se alegró con el nacimiento de Mercedes y Pablo.

Los resultados del trabajo como educador se tradujeron en reconocimientos, tanto estatales como de la comunidad. Muestra de su gran capacidad fue la creación del Club Agrícola, cuya idea principal era la de vincular el estudio con el trabajo y el cual funcionó con gran éxito durante mucho tiempo.

Luis Marquetti fue un hombre honesto, muy lúcido, cortés, de espíritu práctico y con gran determinación para no perder tiempo ni eludir deberes. Enfrentaba la vida de forma realista y le gustaba ver sus sueños hechos realidad. Se caracterizó por su tacto, refinamiento, sinceridad, buen gusto y brillante intelecto. Amaba el trabajo y lo desarrollaba con toda su capacidad.

---

1. Marquetti, Luis. Archivo personal.

El artista y su obra

Desde su adolescencia, comenzó a sentir la necesidad de expresarse y comunicarse por medio de la música. Así hoy se conserva este testimonio:

> Me distraía tocar la filarmónica en simulacros de baile, se cobraba 10 centavos. Yo tocaba la filarmónica y otros compañeros la batería. Tocábamos *La Mora, La Viuda Alegre, Havana Park*. Inventábamos la introducción seguida después de una canción o de una guaracha de moda. La gente se divertía y nosotros también. Quien iba a pensar que corriendo el tiempo yo iba a ser autor musical.[2]

Los estudios de magisterio le brindaron la primera oportunidad para adquirir conocimientos musicales teóricos, aunque lejos estaba de pensar que aquellos rudimentos le servirían para que años después a ellos se sumara la ayuda de valiosos colaboradores y así penetrara en el fascinante mundo de la creación musical. Corría el año de 1941. En la escuela donde ejercía su profesión y eran conocidos sus versos, se le pidió que preparara algunos para ser declamados en fecha próxima al Día de las Madres.

Nació así este texto:

Madrecita querida
Eres mi vida:
Madrecita adorada
Eres tú mi luz;
Aún recuerdo tus anhelos
En mis noches de desvelos,
Madrecita de mis ansias
Eres tú, eres tú.

El enigma de los años
Te convierte en oración.

---

2. Águila, Víctor. «Bajo el signo del bolero». *El habanero*. Agosto 23 / 1987.

> *En tu pecho de matrona*
> *Cristaliza una ilusión.*
>
> *Madrecita mía*
> *Aún escucho tus arrullos*
> *Como el eco que se pierde lentamente;*
>
> *Madrecita tus amores*
> *Tus besos son para mí*
> *Por eso yo solamente*
> *Pienso en ti, pienso en ti.*[3]

En su casa, contemplando el poema, tararea una melodía que Carlos —uno de sus hermanos, quien tenía formación musical, era aficionado al violín y conocía solfeo— escucha atentamente. Luis recibió la sugerencia de entonar adecuadamente aquello. Pensó inicialmente que se trataba de una broma del hermano quien inmediatamente le aclara que es en serio porque cree que se ajusta al texto escrito. Y fue así como nació la canción que hoy marca el inicio de su carrera autoral, «A ti madrecita mía», registrada el 28 de marzo de 1941. Esta canción fue estrenada por niños alquizareños, la primera en hacerlo fue Oslaida Vidal.

Un exalumno, Juanito Garro, devenido cantante profesional, la da a conocer a un mayor público a través de la radioemisora La Casa Salas. Entusiasmado al escucharla, costeó una edición y auxiliado por Tata Alfonso la llevó a una Casa de Música, donde acudían intérpretes y directores de agrupaciones en búsqueda de nuevos números para sus repertorios. Dos años después volvió al lugar tratando de comprobar el posible éxito de la pieza para encontrar que en el lapso sólo se habían vendido dos ejemplares.

El regreso al hogar lo reconfortó. Aida, Mercedes y Pablo no se desanimaron y le brindaron su apoyo afectivo.

Nuevas composiciones nacieron y llegaron al pentagrama a través de las transcripciones de Antonio Balmaseda. Al catálogo autoral se añadieron «Desde mi carreta» (Son Guajiro), «Las cosas de mi Tierra» (Guaracha), «Sigue tu canto» —Su primer bolero—, «Lo que eres tú» (Bolero) y «Son de maíz» (Pregón- Afro), «Alma de azúcar»

---

3. Vid nota 1.

(Bolero-Son), «Cuba en mí» (Canción), «En una frase» (Canción), «Enséñame a deletrear» (Conga), «Las Américas Unidas» (Conga), «Mi negrona» (Conga), «No te vayas» (Bolero-Son) y «Si te lo digo» (Canción).

Del primer bolero no ha sido posible recuperar letra o música. Fue interpretado en Alquízar y lamentablemente, sólo por datos existentes en los archivos puede darse fe de su existencia. Mejor suerte corrió «Lo que eres tú», escenificado por Rita María Rivero y reproducido en un cancionero publicado el 15 de junio de 1943 con una foto de la intérprete. Cantantes alquizareños o vinculados a este pueblo fueron los primeros difusores de estas obras. Así pueden citarse a Carlos Manuel Calderón, Oslaida Vidal y el Dúo integrado por Bernardo Delgado (Bigotes) y Gilberto Díaz Camacho (Gilberto Randall). Fuera de la localidad los pequeños hermanos Marta y Alfredo Justiniani las llevaron a su repertorio dándolas a conocer en su hora diaria de CMCU, Radio García Serra.

El Centro San Agustín, Sociedad de Recreo para negros y mestizos, así como el Círculo Familiar de Alquízar, similar institución local —para personas de la raza blanca—, acogían a los bailadores que llegaban para disfrutar con las mejores agrupaciones de la época. Ambos lugares propiciaron el encuentro entre Luis y los que después serían buenos amigos e intérpretes como Antonio Arcaño —quien llegó a ser considerado Hijo Adoptivo de Alquízar— y en cuya agrupación estaba Miguelito Cuní cuando estrenó «Sabor de Conga» en la radioemisora CMQ ubicada en las calles Monte y Prado, Paulina Álvarez, Belisario López, Barbarito Diez, El Conjunto Casino y otros. Junto a los familiares y otros cuyos nombres ya se han mencionado no pueden faltar en este recuento de sus primeros pasos como creador musical los de Leopoldo Bueno, Dámaso Rosales y Armando González. Ellos contribuyeron de distintas formas para que desde Alquízar fueran universalizándose las composiciones del amigo .Todos mantuvieron estrechas relaciones con él que solamente cesaron al extinguirse sus vidas y por eso hoy aquí aparecen sus nombres, conocidos para muchos alquizareños y a partir de ahora para todos los que vengan a este texto ávidos de conocimientos.

Hablando de sus inicios, aquellos en los que llevó a la prensa local, cuando escribió para el periódico *Defensa* la sección «El porque de mis canciones», un día me confesó:

Si llego a imaginarme como eran los mecanismos para dar a conocer mi música, hubiera seguido solamente como maestro.[4]

---

4. Marquetti, Luis. Conversación con el autor (1983).

Su género: El bolero

Quien lo conoció puede decir mucho de su carácter bondadoso y a la vez enérgico. Enemigo de arbitrariedades e imposiciones. Un consejo que no aceptó, ya que de haberlo hecho podía haber sido entendido por quien lo dio como señal de acatamiento, de no ser una persona capaz de salir como Quijote a romper lanzas. Según el criterio de alguien que se consideraba conocedor del medio artístico, era imposible —para un anónimo maestro de escuela— que vivía y trabajaba en un pueblo situado a 53 km. de la capital y además, negro, romper la muralla y triunfar haciendo boleros. Así se lo hizo saber cuando iba a inscribir uno de ellos, y lo instó a abandonar ese rumbo, iniciado al componer «Ya nunca más», proponiéndole que siguiera con sus guarachas y congas. De Luis sólo podía esperarse la respuesta que dio en ese instante: «Ahora es cuando yo voy a componer boleros!».[5]

El título en cuestión fue «Esta noche a las diez», popularizado simultáneamente por Barbarito Diez y Luisito Pla con sus Guaracheros.

Los boleros de aquel osado tomaron lugar fundamental dentro de su catálogo autoral. En esta época, el espacio ocupado por el bolero era disfrutado fundamentalmente por las composiciones de Orlando de la Rosa, Pedro Junco, René Touzet, Mario Fernández Porta, Isolina Carrillo, Osvaldo Farrés, Felo Bergaza, Adolfo Guzmán, Juan Bruno Tarraza, Julio Gutiérrez, etc.

1945: El gran salto

En 1945 sumó a sus obras «Aquí entre nosotros» y el registrado con fecha 5 de febrero, aquel que lanzó su obra al universo bolerístico: «Deuda».

En la mañana de ese día, llegó Luis Marquetti al Negociado de Registros y Archivos del Ministerio de Educación, lugar donde se

---

5. Ibid.

solicitaba la inscripción de obras musicales previamente estrenadas, por aquella época.

En sus manos llevaba la parte de piano de un bolero creado poco antes, en circunstancias que él relató:

> Surgió en un minuto, mientras escuchaba una composición romántica en el radio. Caí en un estado anímico que me hizo sacar del bolsillo el lápiz que siempre llevaba. Hice la letra y tarareé la melodía a Reglita, mi ahijada, a quien le gustó mucho. Después vio la letra mi hermano Israel quien la elogió y así nació «Deuda».[6]

En 1993 Israel dijo en el programa «Te Quedarás», de la Televisión Cubana:

> Recuerdo una ocasión cuando nosotros preparábamos la ornamentación de un local para la realización de una fiesta escolar. Cuando estábamos en esas actividades, se apareció el hermano Luis y le dijo a otro hermano que había llegado:
> —Mi hermano, que te parece... —Y le leyó una cuartilla.
> El hermano lo leyó, releyó, y le dijo: «esto va a ser un *hit*».[7]

Lo que había dicho se refería a «Deuda». No se equivocó. En un detallado artículo periodístico Antonieta César dio a conocer la siguiente información:

> Cuando allá por los 40 había baile en el Centro San Agustín, de Alquízar, asistían las llamadas "personas de color" del pueblo, sus alrededores y hasta de la Capital. Muchos iban en guaguas especialmente fletadas, atraídos por las orquestas reunidas en el programa; en uno de esos bailables se estrenó el famoso bolero, hace ahora cincuenta años.
> Sobre la primera audición con acompañamiento orquestal y público en la mencionada sociedad alquizareña, conservo memoria por la conversación sostenida, mucho tiempo después en una noche de verbena en el parque del propio poblado habanero con Orlando Vallejo, quien precisamente la estrenara con la Orquesta Ideal de Joseíto Valdés.

---

6. Vid nota 4.
7. Trascripción del testimonio brindado por Israel Marquetti en el Programa «Te Quedarás», facilitado al autor por Romelia Torres y Rosa Marquetti Torres, esposa e hija de Israel Marquetti Lastra.

"Ya nosotros conocíamos a Marquetti" —me dijo el cantante— y cuando aquel día se nos acercó con un papelito en la mano que contenía la letra y tarareó la melodía, se habló con el pianista para ver si podía pasarla. Allí, aún sin partitura, caló en todos y decidimos interpretarla. La respuesta de los presentes fue tal que nos obligó a repetir.[8]

Existen dos versiones de cómo y cuándo se conocieron Luis Marquetti y Pedro Vargas. Uno de sus hermanos Gustavo «Chavo» Marquetti, ofreció el siguiente testimonio:

> Mi hermano Luis estaba triste, andaba de emisora en emisora buscando voces para sus composiciones. Una tarde llegó a mi dulcería diciéndolo. Le propuse ir al día siguiente a La Habana. Yo iría a comprar productos para el establecimiento y lo acompañaría a la única emisora que le faltaba por visitar. Era la Radio Cadena Suaritos. A las cuatro de la madrugada lo busqué en su casa. Partimos hacia la capital en una máquina de alquiler. El portero de la emisora pidió que nos identificáramos. Le expliqué que Luis era compositor y deseaba ver al señor Laureano Suárez. Facilitada la entrada, Luis puso en manos de Suaritos su bolero «Deuda». Mientras la pieza era examinada se abrió una puerta y entró Pedro Vargas. Observó el texto, lo elogió. Escuchó su melodía quedando muy complacido. Quiso saber si Luis vivía en La Habana. Al conocer la distancia que mediaba entre Alquízar y la capital lo lamentó comentando que al día siguiente viajaría a Nueva York. No fue esto impedimento para que se comprometiera a estrenar el número en su presentación de esa noche para que también quedara grabada. Regresamos a Alquízar sin decir nada a nadie. A las ocho de la noche Luis fue a la sala de la casa. Se sentó junto al radio. Les pidió a Mercedes, Aida y Pablito que nos acompañaran. Todos preguntaban: ¿Por qué? Sintonizada la emisora e identificado el programa fue presentado el intérprete. Aquella sala se convirtió en algo tremendo cuando se anunció la interpretación de «Deuda».
> Todos nos besamos y abrazamos. El júbilo solo cesó cuando el locutor trasmitió: «Atención Alquízar! Atención

---

8. César, Antonieta: «Una deuda de medio siglo». *Trabajadores*. Febrero 6 de 1995.

Alquízar!.... al compositor Luis Marquetti que se presente mañana a las ocho de la mañana en esta emisora». Todos nos preguntábamos. ¿Para qué? Al día siguiente recibimos una nueva sorpresa. Vargas había preparado el contrato en donde se formalizaba el compromiso de grabar «Deuda» para la RCA VICTOR en Nueva York. La tirada sería de 500 000 discos y el autor recibiría 1.5 centavos por cada disco.[9]

Por otra parte, Pablo, el menor de los tres hijos de Marquetti, asegura que ambos se conocieron cuando ya el tenor de las Américas había incluido «Deuda» en su repertorio ya que, en una de sus visitas a Cuba, había suscrito un contrato con el circuito radial CMQ, en el que se comprometía a interpretar los tres números que encabezaran el *Hit parade* nacional y en esa categoría se encontraba «Deuda». Tras este instante, autor e intérprete pudieron conocerse personalmente en el Hotel Nacional de La Habana.

Haya sido de una forma u otra, algo difícil de comprobar en este instante, no hay duda de que esta composición abrió el camino al resto de las composiciones de Luis Marquetti. Sólo en 1945 se hicieron 11 grabaciones. A la de Pedro Vargas siguió también en Nueva York y para el mismo sello discográfico la de Octavio «Cuso» Mendoza.

De esos días son el disco de Dinorah Nápoles y el del Conjunto de Arsenio Rodríguez que le introduce el montuno de «Tonta, todo en la vida se paga». Siguiendo diversas sugerencias fue orquestada indistintamente por Carlos Faxas, Niño Rivera y Félix Chapotín. Niño, conocedor de lo que le estaba ocurriendo, en pocas palabras definió a Luis al decirle: «¡Tú eres un luchador!».

La Editora PEER International la incluyó en su catálogo y la entregó a Wifredo Fernández. Hoy sus versiones pasan de 30, conociéndose en latitudes tan distantes como Finlandia y Angola. Indiscutiblemente, 1945 fue el año del gran salto para los boleros de Luis Marquetti.

«Deuda» se transformó en uno de los más difundidos boleros cubanos. Viajó a diferentes latitudes en voces de intérpretes foráneos que en nuestra tierra encontraron plaza acogedora como: Leo Marini, Alfredo Sadel y Bobby Capó. Rompió barreras hasta entonces infranqueables para todas sus obras.

---

9. Marquetti, Gustavo. Testimonio brindado al autor. 18 de octubre de 2000.

Hay una interesante anécdota referida por Luis. En mayo de 1952, Capó fue contratado por el circuito radial CMQ, en ese momento el más importante del país. Había incorporado esta pieza a su repertorio y lógicamente la incluyó en su primera presentación. Un empresario de la radioemisora conoce la intención y manifestó su inconformidad. El intérprete boricua reaccionó vigorosamente y condicionó su actuación a la inclusión de dicho bolero. La firme posición obliga al empresario a incluirla en el espacio, aunque con la condición de que no estuviera en el reporte oficial. A la protesta de Capó se unió la de Sol Pinelli quien rechazó categóricamente la propuesta empresarial y finalmente «Deuda» ocupó el merecido lugar en el programa.

El cine mexicano la conserva en la producción *Sueños de Gloria*, en la voz de Luis Aguilar y el cubano a través del filme *María Antonia* interpretada por Daysi Granados. En los últimos años ha sido grabada por Cheo Feliciano, Ibrahim Ferrer y Ovidio González.

Es esta una obra emblemática en la vida de su autor. No sólo le proporcionó el lugar merecido dentro de los autores. También le brindó la posibilidad de transformar materialmente su vida.

La casa de la calle Pedro Díaz fue objeto de una remodelación sufragada por el incremento en la recaudación de sus derechos patrimoniales.

A partir de ese instante, para todos, aquel hogar recibió el nombre de Villa Deuda.

Luis aseguró que jamás una «deuda» proporcionó a quien la hizo nacer tantos beneficios.

De Alquízar al Mundo

El camino abierto por el primer gran éxito continuó. Llegaron nuevas obras. Entre 1946 y 1957 ocuparon primerísimos lugares en la difusión bolerística cubana e internacional más de 30 títulos del maestro alquizareño.

Tanto para sellos comerciales como en grabaciones realizadas en radioemisoras hoy se han podido identificar 103 intérpretes cubanos y extranjeros de estas piezas que desde el pequeño pueblo habanero trascendieron al universo y ganan aún espacios de difusión tanto por artistas de antaño como por nuevos valores. Estoy totalmente convencido de que esta nómina es incompleta no obstante el rigor observado en su confección. La afirmación se basa en el conocimiento de cantantes y agrupaciones en cuyos repertorios figuran estos títulos y nunca han podido registrarlos en producciones fonográficas.

¿Cuál fue el trayecto que llevó desde Alquízar al mundo esta obra? En las siguientes páginas trataré de explicarlo.

La Radio

El camino recorrido hasta el registro fonográfico de un importante número de composiciones de Marquetti, se inició en emisoras de radio. Ellas jugaron un papel decisivo. Ya se ha señalado como las emisoras La Casa Salas y CMCU, Radio García Serra, hicieron aportes a la difusión de algunas obras de Marquetti en los primeros años de su carrera. A ello se suma lo realizado con posterioridad en mayor escala por otras emisoras radiales.

Corresponde a Radio Cadena Suaritos y su propietario el señor Laureano Suárez importante lugar en esta historia. Refiriéndose a él Luis Marquetti comentó:

> Suaritos, que se ocupó mucho, pero mucho, mucho de mis

obras y se expresó de mí como estás pensando tú ahora, sin recomendación de ninguna clase. Vine porque me dijeron que usted no creía en categorías de compositores a lo que Suaritos contestó: «Si viene aquí Osvaldo Farrés con una canción y no me gusta, a mí no me importa que sea Osvaldo Farrés, y si es una canción que me gusta, aunque no la conozcan nada más que en la mesa de su casa, como dice usted, esa va». Y la que yo le llevé le gustó.[10]

En Radio Cadena Suaritos conoció a Fernando Albuerne y Severino Ramos. El primero, contratado con carácter exclusivo desde 1947, estrenó y grabó 6 de los siete boleros compuestos en el período 1955-1957. (Ver anexos). Aunque el vínculo entre ambos es anterior, como lo demuestra la carta enviada el 20 de junio de 1952 por Marquetti al Señor Ricardo Korn, respondiendo la que enviara el 12 del propio mes desde Argentina manifestándole el interés de una Editora Musical de ese país por «Denúncieme Señora» y en la que Luis expresa:

> En cuanto a su conversación con mi querido amigo Albuerne en el sentido de que me convendría hacerme socio de la entidad autoral argentina, SADAIC, ya lo creo que me conviene; tanto, que no sé cómo le agradecería el logro de ese empeño. Dígale a Albuerne que yo espero haga, en compañía suya, todo lo posible por lograr esa aspiración mía.[11]

Dentro de los intérpretes del catálogo autoral de Luis Marquetti, hay un grupo que tiene como denominador común el haber formado parte del Conjunto Sonora Matancera. Son ellos: Daniel Santos, Bienvenido Granda, Myrta Silva, Toña La Negra, Leo Marini, Celia Cruz, Vicentico Valdés, Bobby Capó y Celio González. Con la excepción de Myrta Silva, el resto grabó boleros de Luis Marquetti, aunque no siempre acompañados por esta agrupación. Estimo que un factor que contribuyó a que esto ocurriera estuvo dado por el vínculo que se estableció entre Luis y Severino Ramos, quien fue arreglista de esta agrupación desde 1939. El segundo factor, y no por ello menos importante, fue la afinidad que existió entre Daniel Santos y Luis Marquetti.

---

10. Marquetti, Luis. Entrevista con Eduardo Rosillo Heredia.
11. Vid nota1.

¿Cuál fue la causa de esta relación autor/intérprete? Al efectuarse el II Coloquio Luis Marquetti y el Bolero, Helio Orovio expuso:

> En el caso de Daniel Santos, a mi me da la impresión, al escucharlo, durante tantos años, las interpretaciones de Daniel Santos, de boleros de Luis, de que había entre Luis Marquetti y Daniel Santos una fusión perfecta, una estrecha relación entre autor e intérprete. Daniel era un hombre de gran sensibilidad, adentrado en la vida, hombre de la calle, un gran romántico, muy enamorado.
> Daniel Santos era un hombre de la calle, de la esquina. Para que vamos a fabricar un Daniel Santos que no existía. Encontraba en las temáticas de las obras de Marquetti contenidos muy atractivos para él. Todas estas obras tuvieron un gran éxito en su tiempo por el enorme poder comunicativo de Daniel Santos. Esa fusión: sonido «Sonora Matancera», pluma: Luis Marquetti, y el enorme poder comunicativo de Daniel Santos, hizo una triada maravillosa.[12]

¿Existieron otros factores que fomentaron la amistad entre ambos, la que le permitió a Daniel hacer algo poco divulgado usando el nombre de Marquetti?

El 27 de febrero de 1949 se reinauguró en Alquízar el Círculo Familiar, una *institución recreativa*. Numerosos volantes se distribuyeron tanto en esa localidad como en otras anunciando la presencia de Daniel Santos y la Sonora Matancera por cortesía del compositor Luis Marquetti. El texto también garantizaba la seguridad de transporte hacia los pueblos colindantes toda la noche. Tales factores fueron la causa de una avalancha de bailadores que colmó la instalación y sus alrededores. Pasaban las horas y la expectación crecía, pero no llegaba la agrupación o el cantante, hasta que una llamada de los directivos generó una verdadera reacción en cadena. No vendrían. Poco después Marquetti le explicó a Daniel el trastorno causado por su ausencia, quien reaccionó en la forma que muchas veces se ha dicho que lo hacía, con una amplia sonrisa.

---

12. Orovio Díaz, Helio. «Daniel Santos y los boleros de Luis Marquetti». II Coloquio Luis Marquetti y el Bolero. Alquízar. Marzo de 2003. Grabación facilitada por el Dr. Pedro Castillo.

Aunque muchas veces se ha mencionado esta característica, no está de más destacar una cualidad que compartieron Luis Marquetti y Daniel Santos, su patriotismo. Especial simbolismo tienen los lugares donde reposan los restos de ambos. Los de Marquetti en el panteón familiar, junto a su progenitor, quien fue a la manigua redentora y regresó con los grados de Capitán del Ejército Libertador, y los del Inquieto Anacobero en el Cementerio Santa María Magdalena de Pazzis, muy cerca de Don Pedro Albizu Campos y también de Pedro Flores. A él le cabe una distinción especial en el recuento, ya que fue, dentro de este grupo, quien más títulos llevó a registros fonográficos. Como se conoce, aunque con esporádicas salidas al exterior, residió en Cuba entre 1946 y 1961. Llegó contratado por la emisora RHC Cadena Azul, donde un locutor llamado Luis Vilardel, le dio el nombre de Inquieto Anacobero. Se incorporaron posteriormente a la Sonora: Myrta Silva, Celia Cruz, Leo Marini —que venía desde Puerto Rico— Bobby Capó enviado por la Seeco Records desde Nueva York en 1952 A partir de 1950, la Sonora tuvo un contrato de exclusividad con Seeco Records, Vicentico Valdés, Celio González quien sustituyó a Laíto Sureda en 1955 y Toña La Negra.

Los títulos de Luis que este grupo de intérpretes grabaron se corresponden con obras surgidas en el período 1945-1957. Al confrontar datos suministrados por Cristóbal Díaz Ayala y Héctor Ramírez Bedoya, ofrezco un resumen con la mayor información posible sobre este aspecto.

Bienvenido Granda

«Boletera». Con la Sonora Matancera.

«Plazos traicioneros». Con la Sonora Matancera. Grabación en vivo realizada en Radio Progreso.

«Desastre». Sonora Tropical de Juancho Esquivel.

Daniel Santos

«Aquí entre nosotros». Conjunto Casino.

«Valor corazón». Conjunto Casino.

«Fue realidad». Conjunto Casino.

Celia Cruz

«Plazos Traicioneros». Orquesta de Willie Colón.

Leo Marini

«Deuda». Acompañado por: Don Américo y Sus Caribes, Orquesta de Leroy Holmes, Orquesta de Arnoldo Naly, Orquesta de Luis Barragán, Orquesta Para Ocasión (Ven Tú) 1995.

Bobby Capó

«Deuda». Orquesta de Augusto Cohen.

«Entre espumas». Orquesta Para Ocasión (Ven Tú) (12 de marzo de 1948). Seeco Records.

Vicentico Valdés

«Plazos traicioneros». Orquesta de Bobby Valentín.

Celio González

«Plazos traicioneros». Conjunto Casino.

Hay un grupo de grabaciones en las que no pudo precisarse la agrupación acompañante, aunque sabemos que los habituales intérpretes pertenecientes a la Sonora Matancera contaron para ello con otras. El lamentablemente desaparecido amigo Manuel Villar dedicó muchas horas de trabajo para ofrecer esos datos a los lectores. Sirva esta aclaración como merecido homenaje póstumo a esa gloria de la investigación musical cubana. Los intérpretes y temas son los siguientes:

Bienvenido Granda

«Llevarás la marca».

«Allí donde tú sabes».

Daniel Santos

«Amor que malo eres».
«Llevarás la marca».
«Un pedazo de pan».

Leo Marini

«Tú lo envenenaste».

Bobby Capó

«Llevarás la marca».

Toña La Negra

«Llevarás la marca».

No he podido conocer para quien fue elaborado un arreglo del bolero «Este desengaño» que realizó Severino Ramos. Un buen día, Luis me contó que Benny Moré quiso grabarlo, pero causas ajenas a la voluntad tanto del autor como del intérprete lo impidieron. Hoy solo puedo pensar cuan exitosa hubiera sido.

Para Luis se hizo costumbre dedicar los sábados —día cuando descansaba como maestro— trasladarse a La Habana y visitar radioemisoras.

En declaraciones a la prensa afirmó:

> En aquellos años duros para el arte y difíciles para la cultura, Juan Almeida y yo buscábamos en las emisoras radiales algún intérprete para nuestra música. Tuve un poco más de suerte porque el trío de Servando Díaz incluyó mis temas en su repertorio y realmente popularizaron muchas de mis canciones.[13]

---

13. Águila, Víctor. «Bajo el signo del bolero». *El habanero.* Agosto 23 de 1987.

La relación radio-registro fonográfico respecto al trío de Servando Díaz se evidencia en: «Cualquiera se equivoca» (1950), «Caminito del abismo» (1954), «Me robaste la vida» (1947) y «Porfiado corazón» (1951).

La nómina de radiodifusores que le brindaron apoyo a Marquetti es extensa: Luis Grau Jover, Eduardo Rosillo, Manuel Villar, Orlando Castellanos, Luis Rovira, Noemí Cairo Marín, José Ángel Madruga, Lino Gallo, Marta Lucisano, Franco Carbón, Lino Betancourt, Jesús Eduardo Díaz, Nelson Álvarez, Sol Pinelli, Magaly Pérez y otros.

Luis Grau Jover, de forma sistemática difundió obras de Marquetti y posibilitó además establecer una relación público-autor de gran valor. En 1976, a través de su espacio *Recuerdos del Ayer* en Radio Rebelde, trasmitió varios boleros pidiendo a los radioyentes que escribieran a la emisora identificando al autor. Un aluvión de correspondencia identificó a Luis Marquetti.

Al azar tomé una de ellas.

Remitida desde Unión de Reyes, provincia de Matanzas por Milagros Pedroso, vecina de la calle Frank País # 85, expresa:

De Luis Marquetti tengo tanto que decir que solo puedo expresar, me he quedado encantada, estuvo muy bueno. Espero ansiosa el día de mañana para continuar oyendo composiciones de Luis.[14]

Entre Luis Marquetti y Eduardo Rosillo nació un extraordinario vínculo. Un día al trasmitir «Plazos traicioneros», pidió que, si alguien podía trasladarle al autor los deseos de aquel locutor en conocerlo y que como respuesta tuvo un escueto telegrama, fechado en Alquízar y firmado por Luis Marquetti anunciando una próxima visita que se produjo rápidamente. Fue tal el afecto que entre ambos se estableció que puedo asegurar que para Luis, Eduardo Rosillo fue un verdadero hijo. Para Eduardo, Luis nunca dejará de ser un padre. En múltiples espacios ha presentado sus composiciones. En la década del 80 realizó una entrevista que durante varios años trasmitió en los aniversarios de su fallecimiento y que tanto por la fecha de su realización como por su contenido puede calificarse como de testamento y legado a sus seguidores. Tanto sus programas como su hogar han

---

14. Vid nota 1.

servido para la realización de múltiples esfuerzos dedicados a enaltecer la memoria de Luis y perpetuarla para las futuras generaciones. Otro fiel amigo y colaborador fue Manuel Villar. En espacios de distinta naturaleza difundió sistemáticamente la música de Luis Marquetti. Mantuvo el trabajo comenzado hace ya varias décadas cuando inclusive se trasladaba a Alquízar acompañado por sus fraternos colaboradores César de Dios y Pablo Carrillo, visitas a las que daban continuidad sus efusivas y extensas cartas, siempre cargadas de buenas noticias y afecto.

Decir Orlando Castellanos es hablar de Radio Habana Cuba, es decir además talento e ingenio que siempre recordaremos al no tenerlo entre nosotros. Una línea telefónica eficiente y su habilidad para lograr cosas poco comunes se convirtieron en los elementos necesarios para lograr que desde Alquízar se radiara a varios países el bolero «Deuda» en la voz de su autor.

Dentro del sistema nacional de la radio establecido con posterioridad al triunfo de la Revolución, cuando se multiplicaron las Emisoras Municipales-Territoriales, debe destacarse el trabajo realizado por Radio Ariguanabo, de San Antonio de los Baños, que tanto en su programación general como en los programas especializados *Entre Boleros* y *A lo cubano*, ha dado especial atención a las composiciones de Luis Marquetti. El segundo dedicó una serie especial al conmemorarse en el 2001, el centenario del insigne alquizareño y sus realizadores Carmen Lien Mena, Aramis Guerra y Arián Morales confeccionaron el radio-documental *Pase Usted, Maestro* que recibió el tercer lugar en el Festival Provincial de la Radio correspondiente al año 2007.

Mención indispensable es la que merece Radio Añoranza, de Quito, Ecuador, cuyo director–propietario, el Dr. Enrique Gallegos Arends, (El Trovador de Antaño) ha sido un sistemático difusor de los boleros de Marquetti y que en el año 2006, como parte de las celebraciones por el 105 aniversario del natalicio de este compositor, realizó una emisión especial de su programa *En Ritmo de Bolero* que salió al aire en la tarde del 17 de octubre, donde tuve el placer de participar, brindando a sus radioyentes anécdotas y elementos poco conocidos que acompañaron grabaciones musicales.

Sería injusto concluir sin expresar que no ha habido una sola emisora radial cubana que no haya difundido estos boleros. Tanto ellas como las de América y otras áreas geográficas han jugado un importantísimo papel en la difusión de estas bellas piezas musicales.

Producción discográfica

Este acápite se inicia en 1943 cuando Luisito Plá grabó «Esta noche a las diez». 1944 concluyó sin grabaciones para sus obras. Teniendo en cuenta lo relacionado con «Deuda» y el año 1945 visto anteriormente. Entre 1946 y 1957 compuso Marquetti 39 boleros, de los cuales llegó a la discografía el 81,57 %.

¿Qué ocurrió en la década del 50?

Por entonces, la industria discográfica cubana se amplía considerablemente. Los discos de 45 RPM se multiplican en infinita progresión desde las victrolas que, de esquina en esquina, lanzan al aire boleros como «Sabor de engaño», «Pedacito de Cielo», «Que pena me da», «Los aretes de la Luna», compartiendo el espacio seleccionado por el pueblo con «Deuda», «Ya nunca más», «Entre espumas», y otras obras de Luis Marquetti.

Las placas giraban y reproducían las voces de Barbarito Diez, Luisito Plá y sus Guaracheros, Pedro Vargas, Los Embajadores, Roberto Faz, Los Rufino, Cuso Mendoza, Roberto Sánchez, Fernando Álvarez, Ñico Membiela, Antonio Machín, Toña la Negra, Panchito Riser, Lucho Gatica, Los Tres Diamantes, Vicentico Valdés, etc. Tranquilamente, en su hogar, un autor recibía las felicitaciones de familiares y amigos que sentían como propios los éxitos de aquel modesto hombre que cotidianamente salía al aula donde sus alumnos lo esperaban para ampliar sus conocimientos. Valorando datos obtenidos de sus liquidaciones por concepto de derechos de autor, vemos como en 1950, el 42,58% de ellos era generado en estos equipos. El disco fue para Luis vehículo comprobatorio de cuan hondo calaban en aquellos para quienes componía y de quienes obtenía vivencias que con arte quedaban registradas en sus obras Entre 1945 y 1960 se concentró, de forma ininterrumpida la grabación que concluyó con el tema «Un nuevo corazón» en la voz de Lino Borges.

Durante ese período, quedaron para la memoria musical y el disfrute de los amantes del bolero 36 títulos. De algunos hay múltiples versiones. En este rango se encuentran «Deuda», «Amor que malo eres», «Me robaste la vida» y «Plazos traicioneros». En conjunto, de estos títulos he podido comprobar la existencia de 77 versiones grabadas comercialmente. Otros temas fueron llevados al acetato en un menor número de versiones. En este caso se encuentran «Aquí entre nosotros», «Valor corazón», «Fue realidad», «Cuenta nueva», «Tu posición», «Debemos decidir», «Amor en Navidad», «Nuestro problema», «A ti qué te pasa» y «Mírame de frente». Con posterioridad a 1960 se grabaron algunas nuevas versiones en Cuba y el exterior. El sello Siboney de la EGREM, incluyó en producciones de Roberto Sánchez y Gina León, «Un pedazo de pan» y «Plazos traicioneros», esta última con novedosa versión jazzística. Aquí se agrupó el 86% de lo que compuso en el período 1945-1960. Extraordinaria acogida obtuvieron estas grabaciones. Superando los niveles anteriormente citados, en el período 1966-1967, los derechos autorales generados en las victrolas ascendieron al 82,74%.

Entre 1960 y 1984, algunos intérpretes escogieron temas de Marquetti para su inclusión en producciones discográficas. Ese es el caso de Annia Linares con «Amor que malo eres», de cuya versión consideró el autor que: [... se revitaliza en su voz, gana en profundidad en su estilo...][15]

En 1984 el sello Areíto (EGREM), lanza el primer LD dedicado íntegramente a la obra de Luis Marquetti, confeccionado a partir de registros anteriores existentes en su archivo. Así nace esta antología con el título de *Un Nuevo Corazón* en la que se reúnen 12 piezas interpretadas por Barbarito Diez, el Conjunto Casino, Leo Marini, Felo Martínez, Conjunto Roberto Faz, Vicentico Valdés, Daniel Santos y Lino Borges.

Dentro de un fonograma de 45 rpm. María Elena Pena incluye «Amor que malo eres». Una nueva producción múltiple ve la luz en la década del 90 bajo el Sello BIS MUSIC, con el título de *Sentimiento de Amor* en forma de Disco Compacto. En producción de los años 90, la Computer Audio Video Systems 700 C.A., incluyó en forma de CD-ROM (Karaoke) un elevado número de estos boleros. Concluye este acápite con la más recientes grabaciones de «Deuda»,

---

15. Vid nota 1.

la del boricua Cheo Feliciano seguida por la de Ibrahim Ferrer y Buena Vista Social Club, recreando la versión sonera de Arsenio Rodríguez y la realizada por las Hermanas Fáez con: «Me robaste la vida», Lino Borges que acompañado por la Rondalla Venezolana grabó una nueva versión de «Llevarás la marca» y Ovidio González, con «Deuda» y «Plazos traicioneros».

Como puede observarse en el correspondiente anexo, la búsqueda en fonotecas radiales, colecciones particulares, entre otros, se pudo precisar la existencia de 168 registros diferentes relacionados con 39 títulos. Estos soportes tienen extraordinario valor. Sirven en primer lugar para demostrar la inserción de este autor en la vida musical cubana y universal por espacio de varias décadas. Constituyen además piezas de alto valor patrimonial y artístico.

Demuestran la ductilidad de composiciones cuya estructura han permitido la transformación de obras enmarcadas en un género hacia otros tan disímiles como por ejemplo el *jazz*. Deseo destacar que independientemente de que fuese el *bolero* el género donde más se destacó, quedaron también registradas dos obras de música campesina: «Desde mi carreta»(Orquesta Hermanos Palau) y «Promesas de un campesino» (Guillermo Portabales).

Quede así para hoy y mañana esta gran muestra de la impronta dejada por Luis Marquetti en la historia musical cubana y universal.

La televisión

Todos los programas estelares de la televisión cubana han incluido sus creaciones, llevándolas a miles de hogares tanto en programas netamente musicales o como música incidental de programas dramáticos.

Además, a partir de 1981, este medio permitió conocer la imagen del creador que caracterizado por su modestia y su escasísimo apego a la alabanza, no tenía por costumbre la presentación pública ante medios masivos. Esta característica hizo nacer una leyenda en Colombia que generó el sobrenombre de *El hombre sin rostro*, y que conociera a través de su gran admirador barranquillero Eugenio Ponce Vega. A solicitud de María Elena Pena acudió al programa

Recital del canal seis el 23 de septiembre de 1981. El colectivo de realización estuvo formado por Homero Pérez (director), Orlando Quiroga (guionista), Ernesto Calderín (productor), Helio Orovio (asesor) y Eva Rodríguez (presentadora). Días después, recordando el encuentro le escribió:

> *No sé cómo agradecer las finas atenciones y cariño de que he sido objeto por parte suya desde el momento que nos conocimos, por eso le llamo amiga, ofreciéndole una vez más mi amistad sincera para honrarme con la suya.*[16]

El 15 de mayo de 1983 se grabó el programa *Mano a Mano*, dirigido por Guillermo Martínez, donde Luis compartió la escena nuevamente con María Elena y Roberto Sánchez. En unión de éste asiste el 20 de agosto del propio año a la Sección Efemérides Musical de la *Revista de la Mañana*, (Canal Tele Rebelde) invitado por su amigo y conductor Manuel Villar, al acercarse su onomástico.

Fue aquel un día inolvidable. Al salir del ICRT[17] nos dirigimos al CENDA[18]. Era día de pago a los autores, Luis jamás fue a cobrar. De eso se encargaba su hermana Esperanza, residente en la capital.

Al llegar había un grupo esperando calmadamente su turno. Uno de ellos era Pablo Milanés. Cuando conoció quien habia llegado dejó su lugar y nos saludó. Recuerdo que dijo:

—Maestro, que pena pasé en España por usted.

—Por mí? —respondió Luis.

—Me preguntaron si lo conocía personalmente y hasta ahora no he tenido ese honor.

Luis sonrió y contestó

—Ahora los dos tenemos el honor y el placer.

Tres lugares visitamos antes de regresar a Alquízar. El restaurante-cafetería El Potín, la Dirección de la EGREM, donde se decidió producir el primer LD con temas suyos y la casa de Esperanza.

En dos nuevas ocasiones volvió su rostro a la pantalla chica. La primera, en el verano de 1986 para un especial del Canal 6 dirigido

---

16. Vid nota 1.
17. Instituto Cubano de Radio y Televisión.
18. Centro Nacional de Derecho de Autor de Cuba.

por Rafael Piloto y producido por Lely Crafton. Fue aquella una tarde de recuerdos y evocación precedidos por la duda. Respondía Luis a la primera invitación cursada tras el adiós a Aida Colomé. En el estudio se sintió su presencia, —allí estaba con nosotros— escuchando a María Elena, Roberto y Hermys Sánchez.

Su imagen se contempló por última vez en miles de hogares el 27 de julio de 1987. El espacio que lo permitió fue un especial de Tele Rebelde dirigido por Raúl Acosta y conducido por Laritza Ulloa, denominado *Aunque Tenga que hablar con el Sol.*

Se han realizado varios homenajes póstumo. En 1990 Ángel Hernández Calderín, dedicó un programa al Conjunto Caney —la agrupación que más obras de Luis posee en su repertorio— que uniendo a sus vocalistas habituales, los invitados Gina León, Hilda Gorría, María Elena Pena y Roberto Sánchez, llevó en 27 minutos hermosa entrega audiovisual.

Cierran la relación de espacios televisivos dedicados totalmente a Luis los programas *Quiéreme Mucho* y *Te Quedarás,* realizados en 1993 por José Ramón Artigas y Gloria Torres, respectivamente, en los que a los ya habituales intérpretes se sumaron Mundito González y Hugo Barreiro acompañados por Enriqueta Almanza («Quiéreme Mucho»). También Israel Marquetti dio a conocer detalles de la vida de su hermano que aumentan la dimensión del autor presentado por Alfredo Sadel como *un cubano muy querido* antes de que con excepcional timbre lírico llene con su voz un majestuoso teatro interpretando «Deuda».

El cine

En México y Cuba, algunos de sus boleros han servido bien como tema principal de filmes o integrando bandas sonoras. La primera categoría la ostenta «Amor que malo eres».

En 1952 fue seleccionada por el director mexicano José Díaz Morales como tema de filme homónimo protagonizado por Emilio Tuero, Emilia Guiu, José María Linares Rivas y Evangelina Elizondo. «Plazos traicioneros» es interpretado por Mary Esquivel en el filme de igual nombre que realiza en 1956 Juan Orol y en él ambos acompañan a Sonia Furió en el elenco. Esta composición es utilizada por el director brasilero Wolney Oliveira para el documental *Bolero*, producido en 1993 por la Escuela Internacional de Cine y Televisión de San Antonio de los Baños. La interpretación en este caso se debe al ecuatoriano Julio Jaramillo. «Deuda». Inicialmente se incluye en la banda sonora del filme mexicano *Sueños de Gloria*, aquí su intérprete es Luis Aguilar, y en 1990 el director Sergio Giral le confía a Daysi Granados la inclusión de esta emblemática obra en el filme *María Antonia* (Instituto Cubano del Arte y la Industria Cinematográfica).

Ballet y Teatro

El 30 de octubre de 1994, en la Sala García Lorca del Gran Teatro de La Habana la pieza «Plazos traicioneros», formó parte del espectáculo presentado como parte del XIV Festival de Ballet de La Habana, con el título de *Miénteme por favor*. La ejecución estuvo a cargo de los bailarines Alicia Pérez Cabrero y Ramón Oller sobre coreografía de Marina Rosell.

Este bolero también forma parte de la obra teatral *Noches de Satín Regio*, de Gerardo Fulleda León.

Del bolero a otros ritmos

Amplia ha sido la difusión de estas piezas que desde Alquízar se han universalizado, llegando, bien a pueblos muy cercanos como San Antonio de los Baños, donde artistas como Rodolfo Chacón, Alexis Pérez tanto como solista o integrado al Trío Melodía, Jorge Lucas Pereda, Gean Carlos y otros, las han incorporado a sus repertorios y también se han escuchado en las galas que a partir de 1991 se han presentado en los Festivales Boleros de Oro que allí han tenido merecida sede gracias al esfuerzo de Erquidio Rodríguez, Roberto González Nodarse, Jesús Ramos Dorado y otros; o en espacios como la actividad del Museo José Rafael Lauzán *Su artista, un té, el poeta y algo más*, del promotor Raúl Hernández Montanarro que cada primer domingo del mes presenta y que han servido como medio divulgativo de la obra del *Gigante del Bolero* así como en su último domingo de mes cuando desarrolla *En descarga*, donde los invitados deleitan a los presentes con alguna composición.

También desde esa localidad, El Conjunto Sonora de Cuba, dirigida por Juan Elmo Rodríguez, Tapita los llevó al continente africano.

Los medios masivos han sido eficaces vehículos. El mar y el aire han llevado a todos los confines estos indiscutibles *Boleros de Oro*. De diversas fuentes he recibido la información que toda América Latina los conoce, sé también que el Dr. Arturo Díaz de la Roche, estando en Suecia, escuchó «Deuda» y recordó a su paciente. Antonio Machín fue el primero en darlas a conocer en España. Dayron Ortega, joven músico alquizareño, compensó su nostalgia en la fría latitud canadiense escuchando en las calles de Montreal, boleros del amigo. Estos pocos ejemplos individuales mucho dicen.

En este nuevo mundo digital, la información fluye con más rapidez y nos da la posibilidad de descubrir la verdadera repercusión de la obra de Luis Marquetti en el Mundo, su música incorporada a otros géneros más allá del bolero.

Varios artistas han interpretado «Plazos traicionero» Desde Colombia el salsero Yuri Buenaventura, el salsero puertorriqueño Rafú Warner, Gilberto Diaz y su Conjunto; en versión merengue por el dominicano Ramón Orlando Valoy. Se suman Hector Lavoe, José Feliciano, Isabel Pantoja&Fonseca, Los Panchos, Johnny Albino y su Trio San Juan, Julio Jaramillo, de Venezuela el salsero Federico y su Orquesta.

Las estadísticas mucho aportan, pero no pueden recoger datos que en esta valoración son imprescindibles. ¿Cuántas veces hemos ido caminando y hemos escuchando a alguien tarareando alguno de estos boleros? A mí muchas veces me ha ocurrido. Pienso que también a ti. La mayor difusión no puede recogerse en cifras, pero indiscutiblemente tiene un gran valor.

La grandeza como autor

Para valorar la magnitud de Luis Marquetti como compositor, presento en forma condensada una serie de elementos tomados de diversas fuentes. El voluminoso compendio *300 Boleros de Oro*, parte de «Tristezas» (1883), de Pepe Sánchez y culmina en composiciones contemporáneas. Aparecen en él la citada cifra de obras, nacidas de la inspiración de 124 autores cubanos. De cada uno hay al menos una composición. Hay casos de autores con varias. Exclusivamente en el caso de Luis es que aparecen 8, superando así a los 123 restantes.

El colombiano Jaime Rico Salazar lo recoge en *100 Años de Boleros*, al igual que su coterráneo Orlando Mora en *La música que es como la vida*. En Venezuela, José Francisco García Marcano, le dio espacio en *Siempre Boleros*. Cristóbal Díaz Ayala, incluyó «Entre espumas», con nota a cargo de René Espí en su selección *Cien canciones cubanas del milenio*, publicada en España, Alfonso de la Espriella Ossío, en su estudio *Historia de la música en Colombia a través del bolero*, al valorar el nacimiento de lo que llama *nuestro bolero caribe*, incluye una breve reseña sobre Marquetti.

La revista especializada *Tropicana Internacional* publicó en 1996 los resultados de una encuesta denominada Boleros y Boleristas en la que aparecen los siguientes elementos: De 25 títulos seleccionados, aparecen dos cuyo autor es Luis. No ocurre esto con el resto de los autores relacionados. Junto a José Antonio Méndez ocupa el segundo peldaño en la nómina de 25 autores seleccionados. En el listado de intérpretes escogidos, cubanos y extranjeros, 18 de los 25 tuvieron o aún tienen en sus repertorios algunas de sus composiciones.

Ampliando lo relacionado con los intérpretes es necesario profundizar en algunos elementos. Esa relación nominal merece ser considerada. En algunos casos he decidido aportar datos relacionados con significativos valores artísticos. En primer orden cito a Barbarito Diez. De él, críticos, periodistas e investigadores han destacado:

> Por el Caribe anduvieron millones de discos de Barbarito. Llegó a estar en el *hit parade* titulado los 50 *superboom* donde se ubicó el cubano por encima de la gigante Barbra

Streissand, la reina Donna Summer y el pepillo Anddy Gibbs. En días de oro para el danzón cubano... Barbarito enriquecía el género con su cálido timbre y plácida presencia.[19]

En sus últimas presentaciones venezolanas, como décadas atrás, Barbarito mantuvo en su repertorio «Allí donde tú sabes». ¿Por qué lo hizo? Pienso que, desde la inmortalidad, aquel que en enero de 1990 recibió el premio del Gran Teatro de La Habana otorgado por el Jurado que presidió Alicia Alonso y formaron Hugo Marcos, Humberto Arenal, Miguel Barnet y María Antonieta Enríquez, estoy seguro de que contestaría: «Por su calidad».

Del *Diccionario de la Música Popular Cubana* cito:

Panchito Riser: *En 1940 impuso un estilo original interpretando el bolero con características soneadas. Sus grabaciones en discos han gozado de extraordinaria difusión. Es muy solicitado en ambiente latino de Nueva York.*

Conjunto de Arsenio Rodríguez: *Alcanzó gran popularidad. Tuvo en la década del 40 gran renombre entre los bailadores de La Tropical en busca de su ritmo. Entrados Los 50 marchó a Nueva York donde sostuvo su cubanísimo conjunto.*

Conjunto Casino: En 1945 y 1946 viajó a Puerto Rico y Venezuela. Un año después realizó una gira nacional comenzando una etapa de gran popularidad con muchas grabaciones discográficas y actuaciones exitosas, llegando en 1950 a su momento de mayor auge.

Vicentico Valdés: *En Nueva York adquirió fama como intérprete de la canción. Hasta hoy se ha mantenido como una de las más populares voces latinoamericanas producto de un estilo muy propio. Sus grabaciones han recorrido el mundo respaldado por grandes orquestas y arreglos brillantes.*[20]

A estos elementos unamos criterios aportados por otras personas. En noviembre de 1989 desde EEUU Jorge Coya le escribió a Marquetti:

---
19. Diez, Barbarito. Ficha Museo Nacional de la Música.
20. Orovio, Helio. *Diccionario de la Música Cubana.* Ed. Letras Cubanas. La Habana. 1981.

> [... esta carta que le estoy haciendo la considero como uno de los documentos más grandes que he escrito en mi vida. Pues ENTRE ESPUMAS, LLEVARAS LA MARCA, AMOR QUE MALO ERES, ALLI DONDE TU SABES, BOLETERA, es parte de la Historia Musical no sólo de Cuba, sino de toda Latinoamérica, creada por usted.
> (... siempre he creído que la Historia Musical ha estado en DEUDA con usted y que el pentagrama LLEVARA LA MARCA de Luis Marquetti.[21]

El 31 de agosto de 1980, el cantante Frank Hernández establece un compromiso al escribirle:

> [... es usted el único autor que no por olvido, sino por respeto ha estado vigente en mi mente y ausente en mis actos hasta hace dos meses... entendía que mi calidad era muy inferior al prestigio de su nombre como autor, por ello entendí que usted no era merecedor de que yo tratara, digo tratara de cantar su número. Hoy todo es distinto, me he superado mucho en todos los sentidos y siempre he tenido esa gran deuda con mi propia conciencia...][22]

Mireya Cabrera Capote, del reparto Río Verde, Boyeros, le escribió en 1976: «Gracias por esas canciones tan hermosas que supo hacer para la juventud de hoy».[23]

A estas consideraciones deben sumarse hechos que demuestran los deseos de intérpretes y editoriales musicales foráneas en incorporar a sus repertorios y catálogos respectivamente las obras de Luis Marquetti.

A partir de 1952, varios documentos muestran los deseos en trabajar las obras de Marquetti por parte de las siguientes Editoras musicales:

- Panamericana de Discos.
- Promotora Hispano Americana Musical. (PHAM).
- Editora Musical Argentina.

---

21. Vid nota 1.
22. Ibid.
23. Ibid.

Todas las ofertas mencionan los intereses de firmas discográficas tales como Víctor y Panart. Desde Nueva York escribió en el propio año Panchito Riser, solicitándole autorización para grabar «Amor que malo eres». Dos años después y desde la propia ciudad estadounidense le llega amistosa carta de Santiago Alvarado, ex integrante del Trío San Juan de Johny Alvino, el que le informa sobre su incorporación al Casino, el éxito alcanzado con la reciente grabación de «Desastre» y le solicita nuevas composiciones.

Paralelamente a estas solicitudes, intérpretes foráneos de tránsito en Cuba eran atraídos por las mismas sin conocer al autor. A los ya citados se unen el chileno Lucho Gatica y el venezolano Alfredo Sadel, de primerísima talla y gran popularidad en la década de oro del bolero.

La presencia de sus obras en antologías, los criterios que de fuentes tan diversas aquí se presentan sobre la calidad de sus composiciones y la elevada cantidad de intérpretes cubanos y extranjeros de primera línea que las llevaron a sus repertorios, ayudarán ostensiblemente a lograr el objetivo propuesto. Queda la parte más importante, dar continuidad a esta labor. Es evidente la demanda de estas composiciones.

¿Cuál es su causa fundamental? Si analizamos sus letras se destaca el lirismo que hay en ellas.

Como maestro de instrucción primaria siempre trató de que sus textos sirvieran para que enriquecieran el vocabulario tanto de alumnos como de quienes recibían sus composiciones para el disfrute personal.

A juicio de las Profesoras Bertha Miqueli y Fidelia Martín:

> Decir Luis Marquetti es identificarlo con un ritmo típico cubano: el bolero. La temática amorosa marca, de hecho, a este género. Sus letras recogen desavenencias, dudas, fracasos, frustraciones, sentimientos eternos, en fin, toda una gama de actitudes humanas ante una situación, generalmente ocurrida entre dos. Sin embargo, los textos escritos por este autor traducen sentimientos muy personales que se sustentan sobre sólidos principios morales.[24]

---

24. Martín Oramas, Fidelia y Bertha Miqueli Rodríguez: «La eticidad en las composiciones de Luis Marquetti y su contribución a la identidad». 2º Coloquio Luis Marquetti y el Bolero. Alquízar. Marzo 28 del 2003.

Hay en sentido general una característica que deseo destacar. Los boleros generalmente tienen temáticas amorosas. En muchos casos, las letras reflejan contradicciones, desavenencias, sinsabores, incomprensiones mutuas.

Luis Marquetti nunca escribió un texto en el que la mujer reciba un trato despectivo, discriminatorio, descortés y mucho menos ofensivo o grosero. Utilizó con excepcional maestría recursos literarios.

Veamos los siguientes fragmentos que forman parte de 21 composiciones tomadas aleatoriamente.

Porque tú eres la luz del sol en mi vivir...). «**A ti que te pasa**».

Y ahora que nos encontramos en la soledad de esta noche que comienza...). «**Sigamos como amigos**».

Navidad, con tu luz, en mi ser disipaste la niebla...). «**Amor en Navidad**».

Desde entonces los hilos de mi llanto, entretejen la cruz de mi dolor...) «**Entre espumas**».

Entre brumas no he de vivir aunque tenga que hablar con el sol...) (...piedra, borrasca y dolor, aparté de mi vida sin una maldición...). «**Me robaste la vida**».

(...aquel beso sutil que con filo mortal se clavó en mi vivir...). «**Cualquiera se equivoca**».

Si triunfa el bien sobre el mal, y la razón se impone al fin, sé que sufrirás...). «**Deuda**».

A la luz fascinante de un lucero que la noche me dio para soñar...). Sabrás que una primavera trajo a mi delirio un nuevo corazón...). «**Un nuevo corazón**».

Si el momento pasa aunque tú lo reclames, más nunca volverá...). «**Allí donde tú sabes**».

(...tendré que ser esclavo de mi sino...). «Denúncieme señora».

Nuestras almas seguirán líneas divergentes...) (...como dos alas hemos de ir atravesando la inmensidad. «Ya nunca más».

Quien iba a imaginar que una mentira tuviera cabida en un madrigal...) Las torres que en el cielo se creyeron, un día cayeron en la humillación...). «Amor que malo eres».

Sabrás que en mi corazón prendió el astro de la vida...). «Tú lo envenenaste».

Yo comprendo que en mi pobreza llevo mi rival...) «Llevarás la marca».

(...en este torbellino de negras inquietudes tengo miedo de vivir...). «Desastre».

Un trago amargo me hiciste beber, destino injusto que me hace sufrir...). «Trago amargo».

(...porque mi existencia, cual si fuera un lirio, en ti la deshojé...). «Este desengaño».

Si tú quieres encajes de cielo, al mismo horizonte los iré a buscar...). «Fue Realidad».

Y en el polvo del olvido tus lamentos quedarán...). «Valor corazón».

En tierna contemplación constantemente suspiro...)(...yo te prometo formal que en enero no habrá frío...). Yo contigo en el bohío, tendré un sol primaveral. «Promesas de un campesino».

(...serás siempre, siempre primavera...). «Siempre, siempre».

Estos fragmentos son ejemplos que demuestran la calidad literaria alcanzada en composiciones de variada difusión. Sin rebuscamientos, logró dar mensajes transmitiendo verdaderas poesías. Veo en cada texto imágenes, símiles, metáforas y pienso que pudieran ser objeto de análisis por expertos en semántica, literatos, críticos, filólogos, etc. Hago la propuesta esperando que sea recibida y así demos el amplio espacio que merece su autor ya en rol de educador, para la difusión de nuestra lengua utilizando como vehículo la música. Es indispensable además tener en cuenta la extensión de su catálogo autoral, del que aquí sólo aparece una muestra. Invito también a un análisis de las características melódicas y armónicas de estas composiciones.

Renacer

A partir de la década del 70, hubo una adecuada revaloración del papel jugado por Luis dentro de la cultura nacional.

El Sindicato Nacional de Artes y Espectáculos le otorgó la Orden 30 Años Dedicados al Arte, equivalente a la actual Raúl Gómez García, que se entrega a quienes han trabajado en el sector de la Cultura, de forma ininterrumpida por 25 o más años. Recibió su Medalla en el Teatro del Palacio de los Trabajadores junto a otros valores de la música cubana dentro de los que cito a Abelardo Barroso, Julio Brito, Rafael Cueto, Ñico Saquito, Miguel Matamoros, Manuel Poveda, Ignacio Piñeiro, Gilberto Valdés y Armando Romeu.

El 30 de noviembre de 1973, la Casa de la Trova Habanera realizó un programa homenaje en el que actuaron Hilda Santana, "Nené"-Enrizo, Gina del Valle y Barbarito Diez con su orquesta, interpretándose «Desastre», «Me robaste la vida», «Porfiado corazón», «Un pedazo de pan», «Plazos traicioneros», «Deuda», «Este desengaño», «Allí donde tú sabes», «Entre espumas», «Llevarás la marca», «Aquí entre nosotros» y «Trago amargo». La coordinación del programa estuvo a cargo de Ezequiel Rodríguez.

A partir de 1980 las actividades de esta naturaleza aumentaron. Su escenario principal fue Alquízar. Mucho tuvo que ver en este renacer la sensibilidad del entonces Director Municipal de Cultura, Hilario Miranda Hernández, quien captó íntegramente lo que el pueblo sentía por Luis y supo encauzar adecuadamente los deseos para recibiera tantas muestras de afecto. Inolvidable celebración tuvo lugar el 19 de noviembre cuando la Asamblea Municipal del Poder Popular, convierte en realidad la propuesta de realizar dentro de la Semana de la Cultura Alquizareña el Primer Festival del Bolero, como Homenaje al coterráneo, quien gustosamente compartió con Leopoldo Ulloa.

> Al reseñar este espectáculo la periodista Ilse Bulit, escribió:
> La conocida Calle Ancha se vistió de gala, era un hervidero humano... Y el ansiado espectáculo llega en la tarima improvisada cercada por los portales de las casas de

vivienda... Esta avalancha nocturna de boleristas y boleros hizo resaltar variados aspectos. Acercarse a conocer el gusto musical de este municipio. Manolo del Valle logró robarse limpiamente el favor de jóvenes y viejos. Tejedor sigue siendo Tejedor. La voz sale fácil de su garganta y los adolescentes lo aclamaron. Lino Borges también demostró mantenerse en el gusto de la provincia Habana. Lázaro Herrera, de la hornada nueva continúa el camino de los boleristas mayores.

Gina León, Miguel Ángel Céspedes, el dúo aficionado de Carlos Calderón e Ibrahim Robaina, Ana María, los Conjuntos Musicuba y Saratoga también recibieron su premio de aplausos en esta noche de invierno cobarde. Benitico con el Conjunto Caney merecen párrafo aparte. A pesar de estar afectado de la garganta rindió un verdadero homenaje a Luis Marquetti con la preparación de números del querido maestro alquizareño y lo hizo cantar junto a la esposa aquello de "la juventud es romántica viajera que nos espera una sola vez".

Rosillo, el conocido locutor y animador de Radio Progreso condujo alegre y comedidamente el programa y desde su entrada en el municipio, el pueblo le demostró cariño, indicador de la popularidad de este defensor de la música cubana.

En fin, el Festival del Bolero salió de Alquízar, de la provincia Habana y debe convertirse en actividad nacional.[25]

El 28 de marzo de 1984 se conmemoró el 43 Aniversario del inicio de su carrera autoral de manera distinta, imperecedera. En el escenario del Círculo Social Rubén Martínez Villena actuaron aquella noche María Elena Pena, Voces del Caney, Richard Bravo y José Tejedor. Odilio Urfé le entregó un hermoso cuadro en nombre del Ministerio de Cultura. Me correspondió, como su productor, entregarle el primer ejemplar del LD *Un Nuevo Corazón*, primero confeccionado totalmente con boleros suyos. Así, durante muchos años, fueron muchas las celebraciones alquizareñas vinculadas al bolero. Todas las Semanas de la Cultura dedicaron un día para él. Se interrumpieron en 1984. La esperada fiesta se transformó en homenaje póstumo para quien más hizo por la música de Luis. El amanecer del 21 de noviembre fue triste. En el día escogido para el bolero,

25. Bulit, Ilse: ¡El bolero! *Revista Bohemia* No. 49. Dic. 5 de l980.

inesperadamente fallecía Aida Colomé Cámara —Esposa de Luis. Frente a su féretro desfilaba el pueblo y boleristas como Orlando Espinosa, Walfrido Guevara, Ida Laguardia, intérpretes que aquella noche iban a deleitar a los alquizareños que ahora asistían a las honras fúnebres.

Junio de 1987 trajo un reconocimiento diferente. En el Simposio Boleros de Oro se debatió una ponencia de Helio Orovio que entre otras cosas plantea:

> Si hubiera que señalar al más notable entre los notables, en la ilustre historia del bolero criollo, ese honor correspondería a Luis Marquetti... Todo trabajo de esta naturaleza se sustenta, indefectiblemente en una tesis. ¿Cual sería la de Este, escrito casi a vuela maquina? Sencillamente, que Luis Marquetti ocupa, por derecho propio, el primer peldaño entre los creadores de boleros, en Cuba y en el mundo, y en todos los tiempos.[26]

Un año más tarde, el Festival Internacional Boleros de Oro le rindió merecido homenaje. Al levantarse el telón del Teatro Mella, el coro de la radio y la televisión cubanas entrega hermosísima versión de «Llevarás la marca» que provoca emocionado comentario de Luis: «Parece cantado por ángeles». Concluye la interpretación y llega a su lado Marta Valdés, para entregarle el pergamino en el que la Unión de Escritores y Artistas de Cuba reconoce su contribución al género. Fue aquella noche la última donde conversó con su gran amigo José Antonio Méndez.

Cuatro meses después recibió en el Museo de la Ciudad, de manos del entonces Ministro de Cultura, Armando Hart Dávalos, la Orden Por La Cultura Nacional.

Enero de 1990 llegó con un nuevo galardón. En el Cabaret Tropicana se escucha la grabación de «Plazos traicioneros» en la voz de María Elena Pena mientras Juan Formell le hace entrega del Girasol de Cristal. Previamente Eugenio Balari, presidente del Instituto Cubano de la Demanda Interna, organismo que en esos años reconoció de esta forma a artistas destacados había dicho:

---

26. Orovio, Helio. El Bolero en La Habana: Luis Marquetti. Simposio Boleros de Oro. UNEAC. Ciudad. de La Habana. 1987. Museo Municipal Alquízar. Fondos.

Hoy rendimos homenaje a la sensibilidad y al trabajo de muchos años. El arte está en el pueblo, pero no todos podemos ser artistas. Sea esta una noche de reconocimiento al arduo trabajo de quienes han sabido calar hondo en la sensibilidad de todo un pueblo, de reconocimiento a aquellos artistas que con su obra, han hecho reír, llorar a veces, amarse más y reflexionar siempre a varias generaciones de cubanos.

Sea el Girasol de Cristal, acicate y estímulo al esfuerzo creador de un grupo de nuestros más grandes artistas, a su obra limpia y clara como los pétalos de cristal de estos merecidos Girasoles.[27]

Cuando aquella noche regresamos y coloqué el bello trofeo en la sala de su casa, sólo pude agregar: «En cada uno de esos pétalos hay miles de aplausos que usted ha sabido ganar».

El 6 de mayo del propio año recibió el más alto reconocimiento de sus compañeros, los artistas cubanos. A su casa arribaron el Dr. José Loyola, Eduardo Ramos, Francisco Pérez Guzmán, directivos de la Unión de Escritores y Artistas de Cuba junto a miembros, amigos, artistas aficionados, familiares, para dar cumplimiento al acuerdo del Consejo Nacional de la UNEAC que confirió a Luis la categoría de Miembro Emérito. Una vez entregado el hermoso pergamino que perpetúa la decisión, Homero Ortega, viejo compañero del magisterio y presidente del Club de Amigos de la Música de Conciertos y Ballet en Güira de Melena añadió un Diploma en nombre de aquella institución.

Oslaida Vidal, entona los boleros que estrenó medio siglo atrás. Hugo Barreiro y Pancho Amat recrean hermosas versiones de inmortales piezas Narciso y Juan Hernández Balaguert interpretan el bolero «A Luis Marquetti», compuesto por Armando Laborde. Pedro Ramírez (Peleo) y yo, declamamos los versos que a Luis dedicamos. Diligente y eficaz Irma Prada, graba, recoge detalles que horas después trasmite Radio Progreso.

Acompañan a este reconocimiento todos los entregados en cada Semana de Cultura Alquizareña.

---

27. Balari, Eugenio. Palabras en la entrega de los Girasoles. *Revista Opina.* Febrero de 1990.

La valoración de estos acontecimientos ocurridos en la etapa 1970-1990, a los que se suman hechos relatados en los epígrafes referentes a producciones discográficas, espacios televisivos, teatrales, danzarios, etc., es la que me conduce a denominarla como la de su renacer, ya que después de muchos años volvió al espacio ocupado en las décadas 40 y 50 del siglo XX.

Adios

Su vida transcurría sumando años. Diariamente visitaba hermanos, caminaba por las calles alquizareñas donde con respeto le saludaban. Mucho le complacía llegar al centro del pueblo, a las Cuatro Esquinas, para concluir su recorrido en la casa de Dámaso Rosales (Maso) donde conversaba animadamente antes de emprender el regreso al hogar. Su salud se deterioraba. En julio de 1988 fue hospitalizado en la sala 13-A del Hospital Clínico Quirúrgico Docente Hermanos Aimejeiras. Dos años más tarde, en el verano de 1990 se produce su última hospitalización en el Centro Asistencial Miguel Enríquez, del barrio Luyanó, desde donde partió para recuperarse y establecerse temporalmente, no sin presentar resistencia al hecho de abandonar Alquízar, en el hogar de Mercedes.

Regresó a su querido terruño para jamás volver a salir de él. Sus paseos se redujeron a los de dos afectos muy cercanos. Su hermana Adamina y su amigo Oscar, imposibilitado de recorrer el corto trayecto entre ambas casas por haber perdido la visión.

Para continuar entregándole su aprecio, viejos afectos le visitaban y compartían horas con él. Arribó el verano de 1991. Ya sobre el 20 de julio su salud variaba sensiblemente. No había enfermedad, sólo un extraordinario desgaste físico. Los médicos alertaban sobre el único posible desenlace. Cuando el final ya era inminente se le imponía de la verdad a su hijo mayor, Luisito, en Ciudad de México quien trataba en medio del torrente de pasajeros que afluía a los Juegos Panamericanos, de obtener un pasaje a Cuba.

La noche del 25 parecía que iba a ser la del desenlace. Allí aguardamos. Transcurrieron otros días. Llegó el 30 y cuando el reloj marcaba las 2 y 30 de la tarde su corazón dejaba de latir.

La noticia se difundió. Viejos amigos nos reunimos en su casa. La bandera cubana cubría el ataúd, frente al que se mostraban sus condecoraciones. Guardias de honor se sucedieron. El 31 a las dos de la tarde, con cuidado colocamos el féretro en el carro fúnebre y atravesamos nuestro pueblo. Su cuerpo descansó junto al de Aida. Los altavoces difundieron «Deuda» y el bolero que Armando Laborde le dedicó en vida.

Entonces cumplí el encargo hecho por sus hijos, hermanos y autoridades. Estos párrafos resumieron lo que había sido la vida de tan excepcional hombre cuando dije:

Enorme, infinito es el dolor que hoy llena nuestros corazones cuando comprobamos que físicamente no está entre nosotros Luis Marquetti.

Nadie podía prever aquel 24 de agosto de 1901 que el recién nacido en el hogar alquizareño de Joaquina y Luis, el recio Capitán Mambí, sería con el decursar de los años un hombre tan querido, aplaudido y admirado en su patria chica, en su patria grande y en todo el mundo. Hoy, casi 90 años después resulta tarea difícil sintetizar los valores que le harían acreedor a estos reconocimientos. Tratando de hacerlo podemos afirmar que estos honores que le tributamos hoy, llegan a su más alta expresión, los ganó por su grandeza, y que esta grandeza creció desde la modestia que lo caracterizó durante toda su vida.

Tras cursar estudios primarios en la Escuela Pública #1, ingresó en la Escuela Normal Para Maestros de La Habana en 1918, donde se graduó en 1922. Por razones económicas a la par que estudiaba, realizaba labores en panaderías, en la agricultura y como lector en escogidas de tabaco.

Cuando se hizo maestro, convirtió en realidad un pensamiento martiano pues fue un creador en toda la extensión de la palabra. Creador por los métodos que aplicó en las aulas de su escuela, donde llevó el pan de la enseñanza a sus discípulos y donde también como director forjó a otros educadores. En este centro trabajó hasta 1959, fecha de su jubilación.

Ya desde 1941, con solo los conocimientos musicales adquiridos en la Escuela Normal, comienza su labor como creador musical. Sus primeras composiciones estuvieron vinculadas a actos y fechas. Fueron los alumnos de Alquízar los primeros en interpretar «A Ti madrecita mía», su primera canción, la que fuera interpretada por Juanito Garro en la emisora La Casa Salas.

En estos empeños iniciales contó con el apoyo que le brindaron Antonio Balmaseda, Carlos Manuel Calderón, sus hermanos Carlos e Israel y su inolvidable Aida.

Comienza así una extensa carrera autoral que se extiende durante casi 50 años y que concluye con un bolero inédito: «Siempre, Siempre».

Creó música campesina, guarachas, afros, congas, pero se distinguió excepcionalmente por sus boleros, los que hacía porque así podía expresar a plenitud sus sentimientos. Hoy todos son catalogados como Boleros de Oro.

Como se expresara inobjetablemente en el Simposio de Boleros realizado en 1987 en la UNEAC, fue Luis Marquetti el más grande creador de boleros de Cuba y el mundo de todos los tiempos.

Los más importantes boleristas de Cuba y Latinoamérica incluyeron en sus repertorios boleros como «Deuda», «Amor que malo eres», «Plazos traicioneros», «Este desengaño"y muchos más.

Su música fue interpretada en todos los espacios estelares de la radio y la televisión cubanas. Fue llevado al cine en México y Cuba».

Cabe preguntarse, qué factores influyeron en que estas obras se caracterizaran por textos poéticos y líneas melódicas irrepetibles. Lo primero, por su formación en que la cultura popular se nutrió de la lectura de Víctor Hugo y Tolstoi, Carpentier y otros. Lo segundo por su sensibilidad y por el amor puesto en sus obras.

Escribió para el amor y con amor. Amor por su familia, amor por su terruño, al que llamó "tierra de luz y de paisajes repletos de ensoñación", amor por su patria y su revolución expresados diáfanamente en «Mi carro ya tiene ruedas».

Este amor le fue retribuido por la patria y por el pueblo, el pueblo que le rinde homenaje a diario con sus aplausos, la patria que le entregó la Orden por la Cultura Nacional, la de 30 Años Dedicados al Arte, el Girasol de Cristal, la categoría de Miembro Emérito de la UNEAC. También por otras labores recibió la Orden por la Educación, la Medalla 28 de Septiembre y la Medalla de la Alfabetización.

Hoy no lloramos. El nos enseñó que la vida es la escuela del dolor. Hoy podemos, parafraseando su obra afirmar: No vivirás entre brumas y no sólo hablaste con el sol, sino que tu vida fue plena y radiante como el sol; noche tras noche nacerán luceros desde donde latirán nuevos corazones. Tu obra seguirá siendo un símbolo como esa bandera que te ha acompañado.

Eternamente vivirás en lo que inspiraste y en lo que creaste, en tu pueblo, al que tanto amaste, y del que afirmaste: «repleto de hombres que al modelar su historia con destellos de gloria», iluminaron, como tú, nuestra nación.

Con todo fervor expresemos desde lo más profundo de nuestros corazones: Gloria Eterna a Luis Marquetti!
 El pueblo contestó: ¡Gloria, gloria!

LUIS EN EL RECUERDO

Muchos lo conocimos y guardamos recuerdos de distinta naturaleza. Recoge esta sección los testimonios de dos de sus hermanos, el menor de sus hijos, un ex alumno que posteriormente fue compañero en el magisterio, otra coterránea que en su papel de directora de la Casa de Cultura alquizareña contribuyó a exaltar los valores de Marquetti, una intérprete, un compositor, el director de la agrupación que incluyó en su repertorio la más elevada cifra de sus composiciones, un realizador-presentador de programas radiales, tres profesoras del Instituto Superior Pedagógico Rubén Martínez Villena participantes del II Coloquio Luis Marquetti y El Bolero, y por último, la mia.

Pudiera ser más amplia, sólo la indispensable síntesis es causante de que no se hayan recogido otros.

Pido a todos los que saben que aquí pudieran aparecer sus nombres y los recuerdos que siempre guardarán sobre el amigo que se sientan representados en la selección hecha.

ISRAEL (Hermano)

Le entusiasmaba saber que nuevos compañeros seguían componiendo boleros. Significaba futuro... Era un pedagogo creativo y le gustaba animar sus clases con rimas de su propia inspiración.

Que embullo agarró con sus primeros acordes, ya cuarentón. Eso nos divertía aquí, en familia. Lo bonchábamos de buena fe. Pero el chino Balmaseda, un clarinetista autodidacta, lo apoyaba. Él nos decía: «Ríanse, que él va a llegar lejos, porque para triunfar hay que ponerse medio loco».

Y le asistió la razón; muchos de los números de mi hermano pegaron y sobrevivieron en el tiempo. Afamados intérpretes, desde Pedro Vargas hasta Lucho Gatica, los incluyeron en sus repertorios, los grabaron en varios discos y hasta en películas.

En sus estudios de magisterio tuvo como profesor de música a un destacado maestro en el piano, el profesor Gaspar Agüero.

Muchas veces en las actividades conmemorativas y las fiestecitas que se daban en la escuela, componía para amenizarlas. Así nació «A ti madrecita mía», que podemos considerarlo como el primero en la producción musical de Luis. Luego vinieron canciones, guarachas, boleros.

Era un hombre muy cordial, conversador, dedicaba mucho tiempo a una especie de círculo pedagógico o magisterial, donde se reunía con compañeros de profesión para analizar y discutir las cuestiones de la escuela y de la educación.

Tenía un carácter firme, decidido, su personalidad era una línea recta. Era un hombre de principios.

Visitaba a sus amigos y compañeros, le gustaba mucho la lectura, tenía predisposición para escribir. Hizo dos novelas que no están publicadas. También tenía adición por la poesía. Era sagaz, capaz. Tenía mucho cuidado con la pronunciación.

Recuerdo así mismo al hermano con gratitud y cariño.

Laudelina (Hermana)

Con la familia fue un dulce. Con los hijos fue divino. Un hombre muy sencillo. Con los alumnos fue muy bueno. Si los hay por ahí, que todavía hablan de Luis Marquetti. Cuando Luis se hizo famoso por su música siguió siendo Luis. No cambió.

Pablo (Hijo)

Luis Marquetti fue un ejemplo como compositor, como maestro, como hombre, como amigo, como padre. Todos los recuerdos que tengo de Luis Marquetti, ninguno me hace sentir triste. Para mi, Luis Marquetti siempre sigue vivo, sigue siendo un ejemplo.

Elio Meso González (Ex alumno y compañero en el magisterio)

Luis Marquetti es inolvidable. Lo tuve en el cuarto grado. Un gran maestro, de él tuve muchas experiencias. De él se me grabó aquello en la mente que «para ser maestro había que sentirse un poco padre de cada uno de los muchachos», y así fue él.

Gladys Hojas Cruz

Él era una persona muy querida aquí en Alquízar. Fue educador de varias generaciones. Se ganó el reconocimiento. Se reía mucho. Nos hacía anécdotas de sus canciones. Como surgían, por ejemplo «Boletera». Como se adentró en ese tema, también «Entre espumas». Todo el mundo le escribía al champán, y decía: «¿Por qué no a la cerveza? La bebida de nosotros es la cerveza. Pues vamos a escribirle a la cerveza».

Walfrido Guevara

Nos conocimos cuando los hermanitos Marta y Alfredo Justiniani cantaban sus composiciones. La amistad continuó. Conversábamos mucho en la emisora Mil Diez, del Partido Socialista Popular, a la que él iba con sus temas. Allí conocí su bolero Iguales y empecé a cantarlo.

Era un hombre decentísimo, de una personalidad no parecida a la de nadie. Muy sencillo, querido y respetado, incapaz de ofender a nadie. Recuerdo que un día donde estábamos juntos alguien confundió dos títulos nuestros y le preguntó por su derrotado corazón, él contestó: «el derrotado es el de Walfrido, el mío es porfiado».

No era hombre de ponerse bravo, fue siempre afectuoso y amigo de sus amigos.

María Elena Pena

Yo tuve la gran oportunidad de conocer al maestro Luis Marquetti y a su familia, a su esposa Aida, a su hijo Pablo, cuando fui a un programa de televisión que se llamaba Recital en el año 81 u 82. Me dirigí al colectivo del programa con el escritor Orlando Quiroga, le dije que quería invitar al programa a un compositor cubano sobre

quien había hecho investigaciones, vivía en Alquízar y quería cantar su canción «Plazos traicioneros».

No conocía la imagen de Luis Marquetti, había oído hablar mucho sobre él, no se le había visto el rostro. Creo que le decían *El Hombre sin Rostro*, porque nunca había estado en un programa televisivo y era gran interés de la televisión y mío que estuviera en el espacio de Recital. Hicimos la coordinación con la dirección del programa y fueron a Alquízar Helio Orovio, uno de los musicólogos que atendía el programa y Orlando Quiroga a conversar con Luis Marquetti para que fuera a La Giraldilla.

Cuando le dijeron al maestro Marquetti que yo quería que participara, se puso muy contento y accedió. Tuve la dicha grande de poderlo conocer.

Barbarito Diez me había hablado mucho sobre él, me dijo que era una formidable persona y me fue recordando sus temas como «Plazos traicioneros», «Amor que malo eres», «Deuda» y una canción que Barbarito cantaba y a mi me gustaba mucho, «Ya nunca más».

Me aclaró Barbarito que Luis estaba vivo, que era maestro y una formidable persona, jubilado, muy decente, gran maestro y gran compositor. Busqué esas canciones y las llevé a mi repertorio. En ese programa canté «Plazos traicioneros».

Lo conocí y quedamos prendados. Tanto él conmigo como yo con él. Fue para mí una satisfacción tremenda conocer a un gran compositor cubano. Un señor que dedicó su tiempo libre a la composición.

Era un hombre muy bueno, quería mucho a su familia, la respetaba, a su esposa, a sus hijos. Amó mucho al pueblo de Alquízar.

Compartió la educación con la música. Para mí fue un placer conocer a un hombre de los grandes.

Cuando me llamaban de Alquízar, me nombraban a Luis Marquetti, ya me comprometían. Lo visitaba, conversábamos muchísimo, llevé a Roberto Sánchez que no lo conocía personalmente.

Hicimos varios programas de televisión. Después del primero donde salió a la luz pública siguieron otros. En uno yo fui la presentadora. Hablaron mucho él y Pablo. Ya no estaba Aida, había desaparecido. Hablamos mucho porque a él le gustaba mucho hablar de ella.

Cada vez que tenía una oportunidad lo llamaba por teléfono y conversábamos mucho.

Cuando me avisaron de su muerte enseguida fui para el pueblo de Alquízar y allí estuve en sus últimos momentos.

Eduardo Rosillo

Una de las grandes cosas que me ha ocurrido en mi trayectoria en la radio, siempre vinculada a la música fue haber conocido personalmente a Luis Marquetti.

Ese autor de piezas famosísimas no sólo en el país, sino también en el continente y gran parte del mundo, pero que no dejó de ser una gente extraordinariamente sencilla, extremadamente afable, un hijo de esta Patria, de la que se sentía orgulloso de formar parte.

Luis Marquetti, caballero en toda la acepción de la palabra. Recuerdo que caminando con él por las calles de Alquízar, los jóvenes que venían por la acera le decían: «Pase maestro», y veía el respeto, el cariño con el cual le trataban.

Pienso que Luis ha tenido bastante que ver con mi proyección desde el punto de vista de la locución.

Sencillo, valioso, espontáneo y sobre todo un gran amante de su tierra, de su patria, fiel desde todos los puntos de vista a esta ciudadanía nuestra de la que nos sentimos tan orgullosos. Es el criterio, en sentido general, que tengo sobre Luis Marquetti. Representó grandes cosas para la música cubana y la música continental.

No conocí personalmente a Pedro Vargas, pero he tenido la oportunidad de escuchar a personas que lo trataban y él valoraba debidamente la composición de Luis Marquetti.

Tampoco conocí a Daniel Santos, quien también tenía en alta estima las composiciones de ese gran autor de Alquízar.

Hace poco recibí una noticia del fundador del Trío La Rosa y el primer éxito que se anotó ese trío desde el punto de vista continental fue precisamente «Amor que malo eres», debido a la inspiración de Luis, o sea, que para mí es un autor valiosísimo, alguien que sin haber estudiado música, sin embargo dominó los secretos de la composición, al extremo de haber logrado decenas de composiciones que son honra y prestigio de la música popular cubana.

Benito Llanes Calero, Benitico

Tuve muy buena amistad con él, tengo buena amistad con Pablito el hijo, tenía buena amistad con Mercedita, que ya murió, y con Aida. Yo era amigo de la casa, los visitaba desde el año 1950, iba a buscar números cuando era músico del Conjunto Riomar en Güira de Melena. Llegaba hasta Alquízar. Siempre iba a casa de Luis, a visitarlo. En entrevistas que le hacían, él me ponía a cantar sus números. Le decía a los periodistas que yo me sabía todo el repertorio y me ponía a capella para que hiciera pedacitos de las melodías.

La opinión en general que tengo sobre Luis Marquetti es que es el Agustín Lara cubano. Lara en México y Luis Marquetti en Cuba. Esa es mi opinión y la tendré hasta que muera. Sus composiciones son muy claras, muy populares.

Cuando digo populares me refiero a que el pueblo las entendía muy fácilmente. Sabía hacer las cosas, las hacía para que los que supieran mucho las entendieran y los que no sabían nada también las entendieran. Esa es una cualidad que no tienen todos los compositores. En las composiciones actuales te ponen cosas que a veces tienes que tener un nivel de preuniversitario para entenderlas y Luis Marquetti no era así.

El decía por ejemplo en «Entre espumas» que todos los compositores hablan de una copa de champán y yo nunca he visto el champán, ni lo he tomado, lo que conozco muy bien es la cerveza y si un amor nació de una cerveza, otra cerveza beberé para olvidar. En Cuba no se toma champán. Esas son palabras de Marquetti. Era muy ocurrente.

Un compañero no por malo, sino porque se equivocaba, cuando el tiempo cuando el pelotero Agustín Marquetti era muy famoso, fue a entrevistar a Luis un director de programas de televisión y cada vez que se dirigía a él le decía:

Oiga, Agustín..., porque el nombre que tenía metido en la cabeza era el de Agustín, que estaba en el bombo de la popularidad, y le repetía la equivocación hasta que Luis no pudo más y le dijo: «Le voy a hacer una anécdota. Una vez le hice una cosa a mi mamá que ella no pudo aguantar y me dijo!: LUIS MARQUETTI! —para que el director se diera cuenta de que le estaba diciendo Agustín y él era Luis».

Tenía ocurrencias dentro de su seriedad y su mochito de lápiz en el bolsillo, de una pulgada. Cuando se le ocurría una frase la escribía con ese lapicito en cualquier lugar. El lapicito de Luis tenía una pulgada de largo.

Y así repito: Agustín Lara en México, en Cuba, Luis Marquetti.

S͟O͟L͟A͟N͟G͟E͟ R͟E͟Y͟E͟S͟ G͟O͟N͟Z͟Á͟L͟E͟Z͟

¿Fue Marquetti un simple maestro?
Su propia personalidad lo llevó a ser un maestro excepcional.

Todo parece indicar que su condición de educador lo dotó de cualidades muy especiales para conocer, analizar y memorizar lo que le sucedía a otras personas allegadas a él, incorporándolo a expresiones bolerísticas de extraordinaria efectividad y belleza.

¿Quién fue Luis Marquetti? ¿Por qué la sola mención de su nombre produce esa honda emoción en todos lo que la escuchan? ¿Qué significó su presencia aun viva en los corazones alquizareños? ¿Por qué al hablar sobre él, casi se susurran las palabras?

Estas preguntas me condujeron a acercarme a Luis Marquetti con respeto y con emoción.

Luis Marquetti, maestro, negro, compositor, hombre de estatura limpia y honesta, fue un pedagogo creativo y al cual le gustaba animar sus clases con obras de su propia inspiración. Creador modesto y de escaso apego a la alabanza. Como maestro de instrucción primaria siempre trató de que sus textos sirvieran para enriquecer el vocabulario de sus alumnos y de quienes recibían sus composiciones para el disfrute personal.

¿De que vale aprender en las escuelas palabras cuyo sentido no se entiende?

J͟O͟S͟É͟ M͟A͟R͟T͟Í͟, *La Nación*, Buenos Aires, junio 1883.

Pero, consideramos que la mayor medalla ha sido la recibida de parte de sus ex alumnos y compañeros de trabajo y amigos en general: un gran amor y afecto y un sentimiento de gratitud, porque este ejemplar maestro siempre tuvo presente la sentencia martiana: *A valerse de si, y emplearse de trabajos de que haya demanda, deben aprender, para su bien y el de su patria, los hombres todos.*

Cabe preguntarse hasta donde hubiese llegado su genio si hubiese tenido la oportunidad de haber estudiado música en medio de una supuesta república naciente, y aún más, haber comenzado su producción musical en la edad donde el ser humano se traza metas y está ávido de triunfos, de anhelos, cargado de toda una fuerza espiritual: la juventud; pero no nos dolemos por ello, porque él fue un hombre de su tiempo, consciente de su capacidad, digamos que consideró lanzarse a este mundo de la música cuando tuviera la suficiente madurez para arrancar.

Bertha Miqueli Rodríguez y Fidelia Martín Oramas

¿No hay un arraigo en el ser y hacer de Marquetti, el artista, creador, maestro, el alquizareño, en el habanero o en mayor decir cubano?

¿Constituye Luis Marquetti una herencia de la cultura cubana que marca la eticidad y pensamientos autóctonos?

La respuesta a esta retórica la encontramos en su obra misma, pues, engrosa parte del patrimonio de una cultura llena de valores. Ha sido la comunidad cubana de ayer y la de hoy la promotora de seleccionar a Luis y su obra como centro de los grandes que han trascendido, se ha reconocido históricamente en su entorno físico y social.

Si bien el patrimonio cultural se compone de aquello que a lo largo de la historia fueron creando los hombres que habitaron nuestro territorio y los que en el presente seguimos creando, entonces Luis Marquetti es parte importante de ese patrimonio alquizareño, habanero y cubano, materializado en sus creaciones, las que constituyen manifestaciones espirituales del hombre que fue.

Luis Cesar Núñez

Mucho antes que yo naciera, mis padres y otros familiares, tuvieron con la familia Marquetti relaciones descritas en el documento que se incluye en estas páginas. Desde que tuve capacidad para discernir, comencé a apreciar el valor de las composiciones de Luis, un hombre que desde el pueblo donde ambos nacimos logró universalizar

su creación bolerística. A partir del 23 de abril de 1983 se inició una etapa de estrecha relación entre nosotros. Los ocho años, tres meses y ocho días que transcurrieron hasta su desaparición física dieron vida a imborrables recuerdos. He aquí mi testimonio y apreciaciones personales sobre el gran amigo:

Su forma de vivir, sencilla, sin desligarse del medio donde nació, en contacto con todos los que siempre le rodearon, sirvió para considerarlo un hombre de pueblo. Eso le facilitó en gran parte su trabajo autoral.

Quienes no le conocieron pensarán que cada letra es el recuerdo de una vivencia personal. Hay mucho de verdad.

Al escucharlos algunos reconocerán las historias narradas al maestro pidiéndole después: Por favor, hágame un bolero.

Concibió al autor como persona capaz de captar la esencia de un hecho y a diferencia de otros, crear un mensaje artístico capaz de ser apreciable por multitudes.

¿Quien puede pensar que «Plazos traicioneros» es inspirado por los que establecían vendedores de muebles?

¿Podrá alguien entender que al nacer «Entre espumas» sólo quería rendírsele homenaje a la más popular bebida cubana por alguien no adicto a su consumo?

Quienes no le conocieron, quizás muchos de los que le llamaron *El hombre sin Rostro* se asombrarán al saber que Luis Marquetti no era adicto a las bebidas alcohólicas. Solo en una ocasión lo vi tomar un exquisito aguardiente. El menor de sus tres hijos, Pablo Celso, trabajaba en el Central azucarero Pablo Noriega, en Quivicán, actual provincia de Mayabeque. Como en todos los centrales, a sus trabajadores se les entregaba un exquisito aguardiente de caña. El tercer domingo de junio, los cubanos celebramos el Día de los Padres. Corría el año 1989. Estábamos los tres sentados en el comedor de la casa. Pablo abrió la vitrina, tomo dos copitas. Me sirvió y preparó la suya, pues como conocedor de las costumbres de Luis, se asombró, como yo, cuando Marquetti preguntó: «¿Y a mí, por ser Día de los Padres, no me vas a brindar?».

Sonreímos al verlo alzar su copita, brindando junto a nosotros en aquella inolvidable fecha.

Esta relación con el pueblo lo hizo reflejar desigualdades sociales: *(...llevaste con honra tu destino...)*. «**Boletera**».

También esta característica lo hizo acreedor del respeto de sus compañeros, los autores musicales, con los que cerró filas en defensa de sus intereses como lo demuestra éste ejemplo:
Desde Manzanillo, el 11 de junio de 1949 le escribió Carlos Puebla. Del importante texto cito:

> Créame que le escribo a usted preferentemente porque se de su calidad no como autor, sino como hombre.
> Mi estimado Marquetti: desde siempre, el autor de música en Cuba ha tenido que soportar el latrocinio descarado de los editores, sin que esos mismos autores hayan tenido un gesto de rebeldía. De vez en cuando surgía un Chano Pozo armado de un cuchillo, amenazando a un editor y este se ha visto en la necesidad de hacer un poco menos escasa la liquidación de sus derechos.
> Pero el caso es que no todos los autores se arman de un cuchillo, porque esa costumbre pugna con las condiciones morales de los mismos. Y además, eso no conduce a nada. Es un cuchillo el que hay que esgrimir, pero el del derecho, el de la razón, el de la dignidad.[28]

En la propia época recibió un manifiesto dirigido al presidente de la república denunciando el desamparo en que se encontraban los autores musicales y reclamando la constitución de un Sindicato Nacional de Autores Cubanos para que ejerza su representación internacional. Uno de los firmantes, a nombre del Comité Gestor Pro Liberación del Autor fue Walfrido Guevara que un día me dijo.

> Aquella batalla se ganó y puedes afirmar que Luis Marquetti siempre estuvo del lado de los verdaderos autores, de los que no se prestaron a componendas.[29]

Su vida era reflejo fiel de sus ideas. Modestia y austeridad fueron características inalterables de este hombre que podía vanagloriarse de que un intérprete como Pedro Vargas calificara de homenaje a medias el agasajo que un día le brindaran a nombre de los autores cubanos por el hecho de que Luis no estuviese en él.

---

28. Vid nota 1.
29. Guevara, Walfrido. Conversación con el autor.

Tal era su modestia que cuando en 1987, un periodista se asombra de que aún no tuviera la Orden por la Cultura Nacional, solo recibe como respuesta: «Los agradecidos no ven las manchas del sol».[30]

Muchos que comenzamos en el trabajo de la creación musical llegamos con nuestras inquietudes a su mesa de trabajo y a todos nos dio el consejo oportuno, el aliento indispensable. Ello formaba parte de su ser.

Otro rasgo de extraordinaria importancia fue su cariño por Alquízar. Invitaciones y oportunidades no le faltaron para salir de nuestro pueblo temporal o definitivamente, pero el amor por la patria chica era mayor y siempre superaba el interés por viajar, prácticamente inexistente.

Muchas veces le acompañé a la capital y no había para él mayor placer que encontrarse de regreso en el pueblo de la fértil tierra roja del suroeste habanero.

Cuando incluso su salud lo exigió, mucho hubo que razonarle para que se convenciera y se trasladara a otro lugar.

Para él, el mejor reconocimiento u homenaje (palabra que no le resultaba agradable si se relacionaba con su nombre), era saber que uno de sus boleros se interpretaba en una casa, en un puesto de trabajo, en la calle.

Fue totalmente hombre de principios. Trató de inculcar esa virtud a sus descendientes. Su mayor expresión de lealtad fue su amor por Aida. Tras su deceso, no hubo entrevista para la radio, televisión o prensa escrita donde dejara de mencionarla. A ella la consideró quien más hizo por su música. Públicamente reconoció la nostalgia por la *falta de mi gran amor, la esposa, la secretaria, el punto y seguido en mi pareja, la compañera fiel del talento.*

Apreció y valoró por igual todo lo que se le dedicó, desde el más cálido aplauso hasta la más alta condecoración. Fue un hombre que hizo verdad el pensamiento martiano: *Toda la gloria del Mundo cabe en un grano de maíz.*

Fue la suya una vida caracterizada por lealtad, modestia, austeridad, compañerismo, honestidad, amor. Tuvo, como lo dice una de sus letras *un corazón de pueblo.*

---

30. Águila, Víctor.: «Bajo el signo del bolero». *El habanero.* Agosto 23 de l987.

Lo fundamental de mis recuerdos sobre Luis ya es conocido por ustedes. Hay cosas sin embargo que dejaron en mí huellas. Sólo una relataré.

El 23 de julio de 1989 falleció mi única hermana. El dolor en mi casa era enorme. Su salud y sus casi 88 años lo había hecho desistir de los paseos diarios. Lo sabíamos. Por eso cuando mi madre y yo lo vimos llegar a nuestro hogar auxiliado por su bastón y el común amigo Catalino Padrón, nos conmovimos.

Tuve que preguntarle: ¿Por qué lo hizo? Aún recuerdo la respuesta: «Por tres motivos, ella, tu mamá y tú».

La vida siguió su paso. Las visitas y conversaciones siguieron. Pudo oír «Habrá amor mientras haya Sol», el bolero que compuse a solicitud de Magaly Febles pensando en Aida y él.

Compartimos la satisfacción de saber que en San Antonio de Los Baños, sede del Festival Boleros de Oro 1991 se escucharon junto a los suyos, otros de quienes seguimos sus consejos.

Muchos recuerdos llegaron a mí cuando supe que ya no podría ir cada domingo al encuentro con el amigo.

También por los recuerdos, mi madre cortó con amor, en el jardín de casa, las primeras rosas que se colocaron sobre su féretro el 30 de julio

Pensé que jamás conversaríamos nuevamente, que ya me había contado todas sus historias y debe decir que me equivoqué. Días después de su deceso me entregaron las llaves de su casa. Se me confió la hermosa tarea de buscar, ordenar el inmenso tesoro que allí quedó. Cosas maravillosas aparecieron.

Allí guardaba esas obras que recibió en vida como muestra de afecto de Toyo, Abreu, Peleo y Reinaldo.

También las notas tomadas junto a un radio por Romelia, más hermana que cuñada, reportando la audición de sus piezas en distintos programas. Y las cartas de los radioyentes que le identificaban en una encuesta hecha por Luis Grau Jover, junto a las de Villar, Carrillo y César de Dios. Notas autobiográficas, documentos de distinta índole. Una hoja marchita guardada con amor dentro de una página donde identificaba su procedencia:«Recuerdo de María Elena, cultivada en su jardín».

Allí encontré la carta de su admirador barranquillero Eugenio Ponce Vega hablándole de la leyenda sobre su persona y pidiéndole que hiciera el bolero que por modestia no hizo.

Allí también aparecieron textos de alto vuelo poético que al ser cotejados con las letras de sus composiciones resultaron ser letras cuyas melodías no nacieron o quedaron en su mente.

Sus familiares me confiaron la musicalización de algunas. La dedicada a nuestro pueblo ya ha comenzado a difundirse. Cuando la escucho pienso que él me acompaña, andamos por las calles de esa tierra de luz y de paisajes repletos de ensoñación que tanto el amó y donde muy bien, si en algún momento naciera una entidad internacional de boleristas y amigos del bolero, pudiera existir un espacio.

El polvo rojo se impregna en nuestros cuerpos y tras cruzar el parque entramos en la casa. Allí nos espera Aida con su sonrisa y la deliciosa tacita de café en la mano.

—Hasta luego —le digo.

El sonríe y mece su mano hasta que me ve doblar. Ambos pensamos en el próximo encuentro, cuando al llegar el domingo, nosotros dos y tú también, estemos junto a un radio o cualquier equipo de música escuchando sus composiciones, esas que demuestran que siempre será Gigante del Bolero.

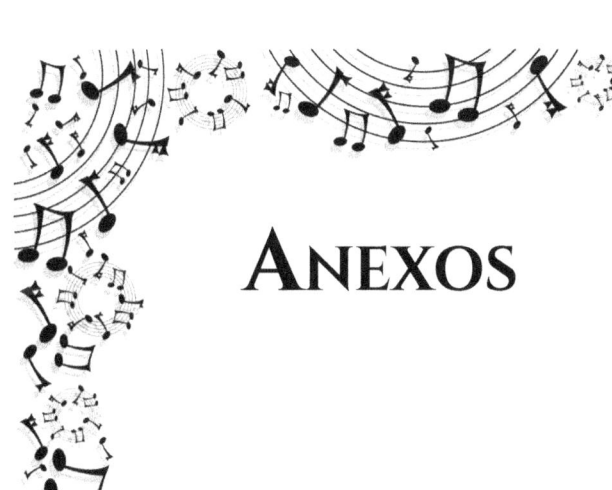

ANEXOS

Títulos grabados e intérpretes

A ti madrecita mia: Juan Carlos Balaguert.

A ti qué te pasa: Fernando Albuerne, Dueto Aires Del Pasado, Ñico Membiela, Trío Servando Díaz.

Allí donde tu sabes: Barbarito Diez, Roberto Sánchez, Panchito Riser, Bienvenido Granda y La Sonora Matancera, Mario Manuel, Luisito Pla y Sus Guaracheros, Trío Oriental de Maximiliano Sánchez (Bimbi), Trío Servando Díaz, Hermanos Rigual, Conjunto Caney, Orestes Macías, Rumbavana, Eliades Ochoa, Trio América, Compay Segundo.

Amor qué malo eres: Lucho Gatica, María Elena Pena, Trío San Juan, Trío Avileño, Hermanos Paniagua, Annia Linares, Los Tres Diamantes, Los Latinos, Daniel Santos, Trío La Rosa, Conjunto Caney, Frank Hernández, Ñico Membiela, Pepe Reyes, Trío Santurce, Trío Servando Díaz, Trío Borinquen, Hernando Avilés con los Tres Reyes, Johnny Albino y su Trio San Juan, Los Panchos, Elena Burke.

Aquí entre nosotros: Daniel Santos con El Conjunto Casino.

Amor en Navidad: Fernando Albuerne.

Alquizar: Noel Perodín, Leisker Valera, Medys García, Berta Barbón, Yoandris García y Leisker Valera (En Video).

Boletera: Trío Servando Díaz, Trío Avileño, Bienvenido Granda, Conjunto Caney, Frank Hernández.

Cuenta nueva: Ñico Membiela

Cualquiera se equivoca: Ñico Membiela, Conjunto Caney, Trío Servando Díaz.

Caminito del abismo: Trío Servando Díaz, Trío San Juan.

Desde mi carreta: Manolo Manrique «El Morito» con la Orquesta Hermanos Palau.

Deuda: Pedro Vargas y Orq. Carlos Tirado, Orq. Rolando Baró, Los Ruffino, Los Bocucos, Dinorah Nápoles y Orq. Cosmopolita, Leo Marini con Don Américo y Sus Caribes, Orquestas de Leroy Holmes, Arnaldo Naly y Luis Barragán; Los Embajadores, Octavio «Cuso» Mendoza y Orq. De José Morand, Roberto Sánchez a dúo con Fernando Álvarez, Gina León, Tropicuba, Grupo Macao, Luis Aguilar, Oscar Santana, Ñico Membiela, Antonio Machín y su Conjunto, Esmeralda con la Orq. De Abel Domínguez, Conjunto Casino, Bobby Capó con la Orq. De Augusto Cohen, Trío San Juan, Cheo Feliciano, Alfredo Sadel, Daysi Granados, Pedro Oliva, Conjunto de Arsenio Rodríguez, Hilda Gorría, Roberto Faz, Julio Jaramillo, Jaime Jaramillo, Grupo Fantasía, Ibrahim Ferrer y Buenavista Social Club, Tito Rodríguez, Daniel Ádamo, Mario Arencibia con la Orq. de Fernando Lecaros, Trío Muñoz, Luisito Pla y Sus Guaracheros, Ovidio González, Trío Muñoz.

Debemos decidir: Fernando Albuerne.

Denuncieme señora: Obdulio Morales, Roberto Faz con el Conjunto Casino, Cheíto González.

Desastre: Roberto Faz con el Conjunto Casino y su propio Conjunto, Bienvenido Granda con la Sonora Tropical de Juancho Esquivel, Voces del Caney, Trío Casino, Conjunto Caney, Ovidio González.

Esta noche a las diez: Luisito Pla, Barbarito Diez.

Este desengaño: Ñico Membiela, Trío Hermanos Torres, A. Durán, Conjunto Caney, Cristina y El Son Tropical.

Entre espumas: Barbarito Diez, Leopoldo González y Orquesta Cosmopolita, Bobby Capo, Roberto Espí con el Conjunto Casino, Trío Oriental, Mundito González, Ñico Membiela.

El Momento que vivimos: Luisito Plá, René Márquez.

Fue realidad: Daniel Santos con el Conjunto Casino.

Llevarás la marca: Daniel Santos, Pedro Vargas, Bobby Capó, Toña La Negra, Bienvenido Granda y la Sonora Matancera, Juan Carlos Alfonso y Dan Den, Trío Voces Modernas, Lino Borges.

Me robaste la vida: Ñico Membiela, Felo Martínez, Trío Servando Díaz, Roberto Sánchez, Hilda Santana, Orq. Sensación, Luisito Pla, Trovadores del Trópico, Hermanas Fáez, Conjunto Luis Santí.

Mirame de frente: Fernando Albuerne.

No me averguenza: Nelo Sosa con el Conjunto Colonial.

Nuestro problema: Fernando Albuerne.

Promesas de un campesino: Guillermo Portabales.

Precaución: Panchito Riser, Gloria Matancera.

Porfiado corazón: Ñico Membiela, Trío Servando Díaz, Julio Trujillo, Osvaldo Morales, Trío Avileño, Conjunto Caney.

Plazos traicioneros: Conj. Nelo Sosa, Antonio Machín, Raúl Lamas, Vicentico Valdés, Mery Esquivel, Celio González y Conjunto Casino, Pedro Vargas, Gina León, Manolo Del Valle, José Feliciano, Elena Novoa-Gilberto Aldanás, Hedí Álvarez y Sensación, María Elena Pena, Julio Jaramillo, Celia Cruz con la Orquesta de Willie Colón, Héctor Lavoe, Rafu Warner, Grupo Sazón, Conjunto Roberto Faz, Toña La Negra, Conjunto Casino, Gregorio Barrios, Conjunto Luis Santí, Trío Los Aventureros, Leo Vera y Tony Pérez, Elena y Malena Burke Conjunto Caney, Gloria Matancera cantando Rafael Ortiz, Cheíto González con Trío Casino de Santurce, Trío San Juan, Ñico Membiela, Los Tres, Bienvenido Granda con la Sonora Matancera, Wuelfo, Ramón Orlando Valoy, Gilberto Díaz y su Conjunto, Yuri Buenaventura, Hector Lavoe, Los Panchos, Johnny Albino, Fonseca&Pantoja.

Pacté con Dios: Pedro Vargas.

Sigamos como amigos: Fernando Albuerne.

Todos: Mario Alonso y Orquesta de Orestes Santos.

Trago amargo: Ñico Membiela, Roberto Espí con el Conjunto Casino.

Tú lo envenenaste: Leo Marini, Daniel Santos.

Tu posición: Ñico Membiela.

Un pedazo de pan: Daniel Santos, Roberto Sánchez.

Un nuevo corazón: Lino Borges y el Conjunto Saratoga.

Valor corazón: Daniel Santos con el Conjunto Casino.

Ya nunca más: Barbarito Diez con la orquesta de Antonio María Romeu.

Cancionero

A ti madrecita mia

Letra y Música: Luis Marquetti

Madrecita querida
Eres mi vida:
Madrecita adorada
Eres tú mi luz;
Aún recuerdo tus anhelos
En mis noches de desvelos,
Madrecita de mis ansias
Eres tú, eres tú.

El enigma de los años
Te convierte en oración.
En tu pecho de matrona
Cristaliza una ilusión.

Madrecita mía
Aún escucho tus arrullos
Como el eco que se pierde lentamente;

Madrecita tus amores
Tus besos son para mí
Por eso yo solamente
Pienso en ti, pienso en ti.

A TI QUÉ TE PASA

Letra y Música: Luis Marquetti

Y a ti, que te pasa, a Mí nada...
Y a ti que te pasa,
A mi nada...

Si nada pasa,
No sé por qué, por qué me niegas.
Lo que te pide
Con ansiedad mi corazón.

Y aunque te digan
Lo que te digan
Tú no lo creas
Que yo te juro
Que estoy muy lejos de la traición.
Si me quisieras
Como yo a ti
Ahora mismo,
Me abrazarías
Sin discusión
Hasta morir,

Tú no comprendes
Que sin tu amor no valgo nada
Porque tú eres
La luz del sol en mi vivir.

Así no vengas

Letra y Música: Luis Marquetti

Así, así no vengas a mí
No quiero oír la misma canción
No sé hasta donde llevé mi vida
Para olvidar el momento aquel.

Por eso ahora no estoy contigo
Porque conmigo
Tú fuiste muy cruel.

Del ayer
Yo no espero beneficio
Yo sé que es sacrificio
Vivir sin un querer.

Aprendí
En las noches de mis penas
Que cantos de sirenas
Nunca, nunca
Nos quitan el dolor.

Así te besaré

Letra y Música: Luis Marquetti

Yo te besaré al caer la lluvia
Con la pretensión
De fundir mis ansias
En tu corazón.

Verás que en tu cabellera
Sembraré mi vida
Cuando la acaricie
Al cantar los pinos al anochecer.
Como besan las aguas del río
Suavemente
Cuando van a entregarse felices
Al inmenso mar.

Así te besaré al caer la lluvia
Con la pretensión
De fundir mis ansias
En tu corazón.

Allí donde tu sabes

Letra y Música: Luis Marquetti

*Te espero
Allí donde tú sabes.
Lo quiero
Porque tenemos que hablar.*

*Oye,
Concédeme un ratico nada más
Que bien vale la pena
Si ha de ser
Para querernos más.*

*Mira
Que si el momento pasa
Aunque tú lo reclames
Más nunca volverá.*

*No olvides
Que por un minuto
De paz o de placeres
Hay veinte de dolor.*

*Siempre
Es triste recordar
Lo que no fue
Por eso es conveniente aprovechar
Lo que no ha de volver.*

AMOR QUE MALO ERES

Letra y Música: Luis Marquetti

Te duele saber de mí
Amor, amor que malo eres.
Quien iba a imaginar que una mentira
Tuviera cabida en un madrigal.

No quieres saber quién soy
Después de darte lo que tienes
Ahora para ti soy vagabundo
Que va por el mundo como un criminal.

Por haber querido tanto
Es mi desesperación.
La voz del pueblo llegará
A tu conciencia como una maldición.

Te duele saber de mí
Amor cuidado con la vida.
Las torres que en el cielo se creyeron
Un día cayeron en la humillación.

Aquí entre nosotros

Letra y Música: Luis Marquetti

Tú me olvidaste
Y yo te olvidé
Ahora tú quieres decir
Que la culpa la tuve yo.

Tú me dispensas
Aquí entre nosotros
Culpable de nuestro fracaso
Fue la incomprensión y nada más.

Para qué preguntarle a la noche
De un romance que al fin terminó
Ya lo nuestro no tiene remedio
Y por eso el olvido es mejor.

Si un hasta luego
Provoca un adiós
Yo sé que la noche dirá
Que la culpa fue de los dos.

Amor en Navida

Letra y Música: Luis Marquetti

Navidad, navidad
Eres tú mensajera divina.
En verdad no pensé,
Ni creí que de mí te acordaras.

Sólo sé que hasta hoy,
Mi vivir fue vivir en tinieblas,
Pero tú me has traído
El amor que creía perdido.

Tal parece que al fin te diste cuenta
Que yo era también hijo de Dios,
Que la cruel realidad de no tenerla,
Para mí pudo ser la perdición.

Navidad, hasta hoy
Mi vivir fue vivir en tinieblas,
Navidad, con tu luz,
De mi ser disipaste la niebla.

Navidad, soy feliz...

Alquízar

Letra: *Luis Marquetti*
Música*: Luis César Núñez*

Alquízar, tierra de luz
Y de paisajes
Repletos de ensoñación.

Y de pureza, de hombres
Que al modelar tu limpia historia
Con destellos de gloria
Iluminaron nuestra nación.

En este rincón azul
Como tus mares
Se cuaja la primavera
Con emoción.

Alquízar, hospitalaria
Tiene tu cielo color de patria
Donde se forjan
Los hijos buenos de la nación.

Alquízar, terruño mío
Eres tan grande que ya no cabes
En el espacio privilegiado
De esta canción.

BOLETERA

Letra y Música: Luis Marquetti

Mira tú si yo te quiero
Que guardo la copita de cristal
Donde sellamos con un trago
Aquel divino instante pasional.

Que la gente me censure
Al ver que yo te doy felicidad
Es miseria que se extiende por la vida
Porque va escondida en la humanidad.

Dirán que tú
Vendiste boletos de la suerte
Pero la vida
Es fiera que nos muerde
Cuando se pierde en ella la moral

Y tú, amor,
Llevaste con honra tu destino.
No me importa que te digan boletera
Para que te quiera con el corazón.

Cuenta nueva

Letra y Música: Luis Marquetti

Aquí vienes,
Para huir de mi presencia.
Sin sospechar, que por esta calle
Yo pudiera verte.

Mi gran amor
Es claro como el agua
Y tú has creído que tiene perfume
Del bien y del mal.

Esta noche,
Para los dos es un milagro
Si nos quedamos sin mañana
El mañana, que importa ya.

No perdamos
Lo que el momento representa
Facilitemos a la vida
Y al viejo amor, una nueva cuenta

Cualquiera se equivoca

Letra y Música: Luis Marquetti

Yo sé que mi tormento
Es el precio de mi error
Tú eres en mi vida
La razón de mi dolor.

La noche que nos vimos
No puse condición
Porque yo imaginé
Que llevabas amor
Dentro del corazón.

Nos conocimos de tú por tú
En el camino de la vida.
Me equivoqué, es la verdad
Pero cualquiera se equivoca.

Ahora no me canso de repetir
Que tu amor es mi castigo
Y por eso tendré que llevar en mi ser
La terrible obsesión
De aquel beso sutil
Que con filo mortal
Se clavó en mi vivir.

Caminito del abismo

Letra y Música: Luis Marquetti

Lo que me dices
Que va mi vida,
No, no puede ser.

Anoche mismo,
Bien me dijiste,
Si, soy de tu querer.

Y yo no creo,
Que así te olvides
De aquel instante
De tantas emociones.

No y no, que va
Este romance no puede terminar, (bis)
Voy caminito del abismo,
Sé que me pierdo sin tu amor.

Y tú no puedes echar al suelo
Aquellas torres que juntos fabricamos
No y no, que va,
Los corazones no son para jugar.

Cada segundo te alejas más

Letra: Luis Marquetti
Música: Gustavo Casals

Estoy notando que mi cariño
Poquito a poco dejas atrás
Y aunque yo quiero tenerte cerca
Cada segundo te alejas más.

Aunque la luna se va temprano
Hay que ser ciego para no ver
Como las noches que aquí me diste
Se quieren ir para no volver

Estoy notando que de tu cielo
Soy un lucero, pero sin luz
Y lo peor es que no me dices
En realidad, lo que quieres tú

Tu presencia me sabe a lejanía
Cuando coqueteas con mi soledad
Ten presente que no somos niños
Y es mejor que hablemos con sinceridad.

Estoy notando que mi cariño
Poquito a poco dejas atrás
Y aunque yo quiero tenerte cerca
Cada segundo te alejas más.

De ti la vida

Letra y Música: Luis Marquetti

Tú, sólo ti, persigues mi ser
Eres mi Dios divino querer.
Prendida te llevo en mi alma
Te tengo muy dentro de mí.

Quiero libar la vida de ti
Pasión encierra tu mirar
Amor, para siempre tendrás
Y mi cuita oirás feliz,
Mi corazón no miente jamás.

Deuda

Letra y Música: *Luis Marquetti*

Por qué tú eres así
El alma entera te di
Y te burlaste tranquilamente
De mi pasión.

Si triunfa el bien sobre el mal
Y la razón
Se impone al fin.

Se que sufrirás
Porque tú hiciste sufrir
Mi corazón
Es una deuda
Que tienes que pagar
Como se pagan
Las deudas del amor.

No voy a llorar
Porque la vida
Es la escuela del dolor
Donde se aprende
Muy bien a soportar
Las penas de una cruel
Desilusión

Debemos decidir

Letra y Música: Luis Marquetti

Te prohíben que me quieras
Y hoy debemos decidir,
Hoy que tienes como nunca
En tus manos todo mi vivir.

El cristal puede romperse
El sol negarme claridad.
Mientras tenga todo tu perfume
En mi vida sobra lo demás.

De tu ser pretenden arrancarme
Y de brazos no me cruzaré.
Si se van del cielo las estrellas,
En tinieblas te adoraré.

Te prohíben que me quieras
Y hoy debemos decidir,
Es legal que defendamos
Del abismo nuestro porvenir

Denúncieme señora

Letra y Música: Luis Marquetti

Denúncieme,
Denúncieme señora
Y diga sin amor
Si hablarle de mi amor
Es atrevimiento.

No negaré
Que ayer públicamente
Le dije la verdad,
La única verdad
De mi sufrimiento.

Tendré que ser
Esclavo de mi sino
Porque ya no puedo
Librarme de un amor
Que también es padecer.

Denúncieme señora
O despedace mi cariño
Pero no me diga
Que yo soy muy niño
Para hablarle del querer.

DESASTRE

Letra y Música: Luis Marquetti

A un paso del desastre
En este torbellino
De negras inquietudes
Tengo miedo de vivir.

Desastre que sin duda
Puede ser mi perdición
Y todo porque dicen
Que cobardemente
Vendí mi corazón.

Un solo ser formamos juntos
Al calor de una quimera
Y un corazón que así se entrega
No se vende como quiera.

Mirémonos de frente
Sin prejuicios ni rencor
Y en nombre del derecho
Que nos da la vida
Salvemos nuestro amor.

DE MIS NOCHES RESERVO LA MEJOR

Letra: Luis Marquetti
Música: Gustavo Casals

Sabes como nadie
Que contigo quiero estar
Y que de mis noches
Te reservo la mejor
Ya que a todas horas
Necesito de tu amor
Nada de tu ser puedo lograr.

Es que no comprendes
Que yo vengo a tu querer
Porque soy juguete
De mi propio corazón
Y quiero sentir
A plenitud esta pasión
Arder en el calor de tu besar.

Por si te olvido
Que tu adiós es mi locura
Entre la negrura
De la realidad de hoy
Traigo mis angustias
Para que compruebes
Que sin tu presencia
Nada puedo ser.

Es que si comprendes
Que yo tengo a tu querer
Mas no quiero ser juguete
De mi propio corazón.

Dicen así

Letra: Luis Marquetti
Música: Luis César Núñez

Dicen, dicen así
Que en otro tiempo
De una pasión
Tú fuiste prisionera.

Y eso no es verdad
Porque tus labios
Están diciendo
Que naciste para mí.

Dicen, dicen así
Pero de arriba
Para vindicarte
Se desprendió la luz.

Si mi amor,
Aunque digan lo que digan

Yo te aseguro
Que bajo este cielo
No hay nada como tú.

Este desengaño

Letra y Música: Luis Marquetti

Este desengaño
Será la sombra de mi vida
Porque mi existencia
Cual si fuera un lirio
En ti la deshojé.

Yo te quise tanto
Que nunca pensé
Que existiera el llanto
Pero de repente,
Todo mi presente
Se trocó en dolor.

Quien no tenga culpa
Yo pido que lance
La primera piedra.

Hiciste caso a un mundo
Donde sólo imperan
La envidia y la traición.

Este desengaño
Será la sombra de mi vida.
No me importa tu adiós,
Te sigo queriendo,
Ese es mi destino
Y con el destino
Sólo puede Dios.

Entre espumas

Letra y Música: Luis Marquetti

Una noche
Se sentó a mi mesa
Y en las copas
Bebí todo su amor
Transcurrieron sólo dos semanas
Tras las cuales mi vida se llevó.

Desde entonces
Los hilos de mi llanto
Entretejen la cruz de mi dolor
Nadie sabe que mis penas
Son tan grandes
Que me doblan el corazón.

Mas no importa,
Yo sé que está en mis manos

El aliviar mi desventura
Si este amor
Nació de una cerveza,
Otra cerveza
Beberé para olvidar.

Un querer
Que surge en una mesa
Entre espumas se debe sepultar.

El momento que vivimos

Letra y Música: Luis Marquetti

Rodar en este carrusel
Es el destino
Que tengo que seguir.

A que pedir un madrigal
A un corazón
Que no supo querer.

Reclamar del olvido
Su clemencia
Es mi última jugada
En este amor.

Hay desprecios

Que matan a cualquiera
Y no quiero morirme
De dolor.

A pesar del momento que vivimos
No aprendemos
Que la vida es carnaval
Y que siempre florece una mentira
Con la misma apariencia de un rosal.

Rodar en este carrusel
Es el destino
Que tengo que seguir.

Pero tú en las ruedas de la vida
Sufrirás cuando más quieras reír.

Fue realidad

Letra y Música: Luis Marquetti

No pretendas
Cambiar mi vida
Si tú sabes
Que ya no puede ser.

Religión que fue realidad
De toda una vida.
Imposible que pueda cambiar
En un instante

No me culpes
Porque así me siento
Que es mi alma
Solamente para tí.

Si tú quieres encajes de cielo
Al mismo horizonte los iré a buscar,
Pero no me pidas
Lo que no depende de mi voluntad

Iguales

Letra y Música: Luis Marquetti

Iguales somos de origen
Es doloroso
Tener que hablarte
Para decirte
Que tú eres igual que yo.

Iguales, somos iguales
Tú bien lo sabes
Lo sabe el mundo
Y con el mundo
Lo sabe Dios.

Iguales somos de origen
Si no me quieres tal como soy
Qué voy a hacer
Quédate con tu amor
Hasta que tú quieras.

Pero te advierto
Que cuando quieras
Aunque me ruegues
No tendrás mi corazón.

Iba a suceder

Letra y Música: Luis Marquetti

Iba a suceder
Y sucedió cuando menos lo esperaba
Cuando contaba
Con la firmeza de tu corazón.

Iba a suceder
Y sucedió cuando más yo te adoraba
Cuando los rosales se rendían
Sin una condición.

No quieras saber
Lo que el mundo está pensando ya de tí
Y tiene razón
Porque sabe que en tus labios me perdí.

Me sobra valor
Y lucharé con el sol y con el viento
Hasta que me arranquen del pensamiento
La imagen de tu amor.

Lo que eres tú

Letra y Música: Luis Marquetti

Eres canción
De un madrigal
Resurrección
De un ideal.

Tú eres el sol que ilumina
La senda de amor.
Tú eres rosario de perlas
De raro esplendor.

Al alba robaste la gracia
De tu juventud
La magia de todas las cosas
En su propia luz.

Tú eres el beso furtivo
Del primer amor
La tierna caricia del alma
Que calma el dolor.

Y cuando te besa la brisa del mar
Pregona que eres en mi corazón
La gran verdad
De mi canción.

La quinta parte

Letra y Música: Luis Marquetti

Hace dos años
Que tu partida
Dejó en mi mente
Visión horrible.

Tarde sin lluvia
Noches sin flores
Que sólo hablaron
De lo imposible.

Hoy no me importa
Que ruja el viento del torbellino.
Ni que se rompa
El fino vaso de mi destino.

No hablaré con nadie
De un amor que muere
Cuando nos queda del corazón
La quinta parte
Es preferible callar la historia
De una ilusión.

La verdad de mi canción

Letra: Luis Marquetti
Música: Luis César Núñez

Una canción de amor tú me pediste
Y la escribí en pétalos de rosas
Con la intención de oírla cada tarde
En el instante de dar el corazón.

Pero tu adiós inesperadamente
Por ser adiós al fin se hizo eterno
Y ni el gemir de mi postrer mensaje
Te hizo ver la verdad de mi canción.

En un cerco feliz con sabor a realidad
Que siendo breve se hizo inolvidable
No comprendo por qué incendiaste mi vivir
Si pensabas en la separación.

A tu vergel vendrán las mariposas
Y te aseguro que cuando salga el sol
Al abrirse los pétalos de rosas
Te harán sufrir la verdad de mi canción.

Llevarás la marca

Letra y Música: Luis Marquetti

Yo comprendo
Que en mi pobreza
Llevo mi rival
Porque tengo un corazón
De pueblo
Me asesinas a sabiendas
Que haces mal.

Tú me huyes
Como la noche huye del ayer
Es por eso que verás mi sombra
Porque en sombras tú dejaste mi querer.

No te seguiré
Porque se que para ti no valgo nada
Y porque tal vez
Nos veamos al final de la jornada.

Ay!, si es cierto
Que el cielo manda
Y hay que obedecer
En tu carne llevarás la marca
Del dolor que no quisiste comprender

Me robaste la vida

Letra y Música: Luis Marquetti

Para qué me dijiste que sí
Para instantes después abochornarme.
Me robaste la vida al pasar
Con el único fin de atormentarme.

Entre brumas no he de vivir
Aunque tenga que hablar con el sol
Es de tontos llorar y llorar
Reclamando un amor que no fue amor.

Piedra, borrasca y dolor
Aparté de mi vida sin una maldición.
Recuerdo que tú pronunciabas
Con llanto en el alma la palabra amor.

Y esa verdad del ayer
Es la mentira de hoy.
De mi parte se que está el error
Por adorarte como se adora a Dios.

Nuestro problema

Letra y Música: Luis Marquetti

Dime, si esta linda noche,
Sin tenerte cosas pasará también.
Todos, todos me preguntan
Que sucedió en nuestra casita
Que ya no te ven.

Tú no puedes dejar olvidado
Entre dos inviernos
Un amor que además de mi vida
Es mi religión.

La actitud que los dos mantenemos
Es improcedente.
Oye, si es que nos queremos
Hay que buscar en nuestro problema
Una solución.

Promesas de un campesino

(Son Guajiro)
Letra y Música: Luis Marquetti

*Soy un rústico guajiro
Que tiene una aspiración,
Que tiene una aspiración,
En tierna contemplación
Constantemente suspiro
Desde la choza en que admiro
A mi dulce adoración.*

*MONTUNO. Como no, como no, como no,
Como no si te quiero
Como no, como no, como no
Sin tu amor yo me muero.*

*Mucho tiempo ha transcurrido
Recuerdo que fue en abril,
Promesas, promesas mil
Tan sólo darte he podido
Pero no hay tiempo perdido
Si yo sigo en el carril.*

(Al Montuno).

*Inmensos cañaverales
He de tener que cortar*

He de tener que cortar
A ver si puedo lograr
El sol de mis ideales
En zafras con carnavales
Ya se puede prosperar

(Al Montuno)

Pero escúchame bien mío
Hoy que tengo buen jornal
Hoy que tengo buen jornal
Yo te prometo formal
Que en enero no habrá frío
Yo contigo en el bohío
Tendré un sol primaveral.

(Al Montuno)

Precaución

Letra y Música: Luis Marquetti

En un café
Entre las copas
Una victrola
Con precisión
Teje sus notas

Canción del alma
Porque es de amor
Pero con sangre
Del corazón

Es un lamento
Es ansiedad
Y desesperación

Dicen que es
La canción de mi vivir
Y no es verdad
Porque tuve precaución
Callar es un crimen
Aquí donde muchos
Practican el mal

Pero en amores
Hay que evitar

Que el mundo sepa
La realidad
pues si la sabe
Ha de reír
De tu fatalidad

PORFIADO CORAZÓN

Letra y Música: Luis Marquetti

Porfiado corazón
Como me estorbas.
Por causa tuya
No puedo ser feliz.

No creas que después
Podrás recuperar lo que se ha ido,
La juventud es romántica viajera
Que nos espera una sola vez.

Para qué recordar un querer
Que no quiso ser sincero.
Yo no sé qué valor tú le das
A quien quiere por dinero.

Porfiado corazón
Se van tus veinticinco primaveras
Es natural que recuentes tus errores
Pero que llores no tiene perdón.

Plazos traicioneros

Letra y Música: Luis Marquetti

Cada vez que te digo lo que siento
Tú siempre me respondes de este modo:
Deja ver, deja ver, si mañana
Puede ser lo que tú quieres.

Pero así van pasando las semanas
Pasando sin lograr lo que yo quiero
Yo no sé para qué,
Para qué son esos plazos traicioneros.

Traicioneros porque me condenan
Y me llenan de desesperación
Yo no sé si me dices que mañana
Porque otro me robó tu corazón.

Cada vez que te digo lo que siento
No sabes como yo me desespero.
Si tu Dios es mi Dios
Para qué son esos plazos traicioneros.

Pacté con Dios

Letra y Música: Luis Marquetti

No comprendes, que nuestro amor
No puede ser, en bien de nuestras vidas
Esta noche de bendición es lo mejor
Para decirte la verdad.

Torbellino es mi vivir
Y no quiero que te envuelva a ti también
En esta situación fatal
Me decido por tu felicidad.
Tu amor, es el sacrificio
Aquí dentro de mí ser
Me voy porque yo no puedo
Borrar mi pasado cruel.

Y por eso pacté con Dios
Para ver si en mi dolor puedo lograr
Que arranque esta pasión de mí
Y te libre de una maldición.

Salve mi corazón

Letra: Luis Marquetti
Música: Luis César Núñez

Te quise ayer
Con toda el alma.
No me quisiste
No Sé por qué.

Tu decisión
Secó mi vida
Mas con el llanto
Salvé mi corazón.

Hoy tú quieres saber
Si aquella pasión
Volverá a nacer.

Si me acuerdo de ti
Y ando por la vida
Sin saber qué hacer.

Oye por última vez
Fue tan grande mi sufrir
Que ahora, aunque tú me quieras
Es imposible, no puede ser.

Porque ya tengo experiencia
Y esta gran amiga
Me enseñó a vivir.

Sigamos como amigos

Letra y Música: Luis Marquetti

Y ahora que nos encontramos
Frente a los errores que tú cometiste
Me culpas para defenderte
Sin tener en cuenta lo que tú me hiciste

Y claro, claro que me extraña
Esta acusación que rechazo por injusta
A mis ruegos jamás hiciste caso
Y en fracaso mi vida convertiste.

No niego que en mi peregrinar
Pensé no más que en la revancha
Y ya ves, como frente a la venganza,
Olvido que conmigo fuiste cruel.

Y ahora que nos encontramos
En la soledad de otra noche que comienza
Si tú quieres, sigamos como amigos,
Como amigos sigamos si tú quieres.

Separación no significa olvido

Letra: Luis Marquetti
Música: Luis César Núñez

Separación no significa olvido
Ni desamor y menos abandono
Es un error muy grave de tu parte
Asegurar así que no te quiero.

Separación no significa olvido
Es mi opinión, no sé la de los sabios
Aquí yo estoy, pidiendo cada noche
El corazón que guardas en tus labios.

Ni un adiós rubricó tu despedida
Para suplir tu presencia en un beso.
Si mi vivir es un sol en tu regreso
Dime por qué, pero por qué no vienes hoy.

Separación no significa olvido
Y un gran rosal no muere como quiera
Troncha tu adiós y ven para que veas
Que en la vejez también hay primavera.

Siempre, siempre

Letra: Luis Marquetti
Música: Luis César Núñez

Descendiste de la primavera
Y caíste dentro de mi vida
Y una vida que no era vida
La llenaste de felicidad.

A tu lado como por encanto
Se hizo grande todo lo pequeño
Fuiste alma de un feliz ensueño
Que con magia se hizo realidad.

Pero hoy se rompe aquel ensueño
A la luz de lo que no regresa
Para ser guardián de la tristeza
Que ante mi rubricó la eternidad.

Aunque ya no pueda acariciarte
Ni besarte como yo quisiera
Serás siempre, siempre primavera
En el lento sinfín de mi vivir.

Sin boletín de regreso

Letra: Luis Marquetti
Música: Gustavo Casals

Viniendo no sé de donde
sin conocer el sendero
Llegaste a mi paradero
En un momento de confusión.

Y saber no quise darle
El boletín de regreso
Sin antes quemar un beso
En el rescoldo de la pasión.

Y hoy que te quiero tanto
Sabiendo como te quiero
Olvidas las maravillas que hay en mi paradero
no voy a morir de pena
Por la condena de tu desdén.

Si el sol sale para todos
Ha de salir para mí también
Sin ti seguiré viviendo
Aunque me dejes en el andén.

Todos

Letra y Música: Luis Marquetti

Decir que me duele el alma
Que mi vida es noche
Que me falta todo
Es una verdad.

Sabrás que cuando te fuiste
Me quedé muy triste
Perdido en la noche de mi soledad.

Me dicen que tenga paciencia
Que nadie se muere por una decepción
No puedo seguir el consejo
Porque desde niño te di mi corazón.

Aquí frente a mi destino
No pido clemencia
Aunque esté penando
Porque todos dicen a veces llorando
Que llevan las huellas
De amores que sangran
En el corazón.

Trago amargo

Letra y Música: Luis Marquetti

Un trago amargo me hiciste beber
En esta espera que me hace sufrir
Me dices siempre, siempre me dices
Que aún sobra tiempo para vivir.

Un trago amargo me hiciste beber
Destino injusto que me hace sufrir
La vida es corta, quiero vivirla
En vez de llanto hay que reír.

Ven, no tengas miedo
Que hace tiempo te di mi corazón
Si no vienes entonces yo diría
Que empleaste el puñal de la traición.

Un trago amargo me hiciste beber
Destino injusto que me hace sufrir
La vida es corta, quiero vivirla
Después no importa si hay que morir.

Tu lo envenenaste

Letra y Música: Luis Marquetti

Hablar de nuestro pasado
Me parece cruel.
Tu acción, aunque lo niegues
Me parece criminal.

Mi amor era para tí
Sin ley de tiempo ni medida,
Y tú, tú lo envenenaste
Huyendo de mí.

Busqué frente a mi destino,
La copa fatal.
Si hoy quieres reconocer
La historia de mi cruz.

Sabrás que, en mi corazón,
Prendió el astro de la vida
Y yo no seré juguete
De tu diversión.

Tu Posición

Letra y Música: Luis Marquetti

Por la prensa he sabido
Donde te encontrabas
Y he venido para hablar
De nuestra situación.

Consideras profanación
Este grito de mi alma
Y puedo jurar que te adoré
Sin mirar tu posición.

Huyes de mi vida
Para gozar de mí tormento
No sientes el dolor de mí vivir
Llevada de tu orgullo.

Fuiste algo que respeté
Como parte de mi mismo
Y aunque nada soy
Por interés yo no doy mi corazón.

Un pedazo de pan

Letra y Música: Luis Marquetti

Un pedazo de pan
A nadie se le niega
Y hasta el aire y el sol
A mi tú me negaste.

Me dijiste insincero
Me llamaste traicionero
Yo te dije mírame el alma
Pero tú sólo pensaste en el adiós.

Y aquel adiós
Desprecio cruel
Veneno en flor
Fue de mi alma.

Yo se muy bien que en tu rodar
Al fin vendrá la reflexión
Pero serás negación en mi vivir
Aunque dentro se me parta el corazón.

Un nuevo corazón

Letra y Música: Luis Marquetti

A la luz fascinante de un lucero
Que la noche me dio para soñar
Te expliqué la razón de mi cariño
Con las ansias de un amor sincero.

Y te hablé con palabras encendidas
De un amor que jamás quisiste ver
Pasional pudo ser aquel instante
Pero tú no quisiste comprender.

Y hoy que los dos seguimos
Rumbos diferentes
Para que quieres saber
Si soy aquel enamorado
El mismo enamorado
Que una vez te dio su ser.

Sabrás que una primavera
Trajo a mi delirio un nuevo corazón
Y no quiero que caiga como el otro
En las redes de la equivocación.

Valor corazón

Letra y Música: Luis Marquetti

Corazón seca tu llanto
Ten valor no sigas más
Que parece hasta mentira
Que tú llores por amor.

La razón de tu martirio
No la digas por favor
Que si alguien te sorprende
De seguro reirá.

Yo no se en realidad
Que se gana con llorar
Como tú sufrí el dolor
De perder una ilusión.

Corazón deja tus penas
Que los años pasarán
Y en el polvo del olvido
Tus lamentos quedarán.

No suspires corazón
Por las cosas que se van.

Ya nunca más

Letra y Música: Luis Marquetti

Yo no sabía que tú
Me habías olvidado.
Tú no sabías que yo
Te borraba de mí.

Y convencido como estoy
Que ya tú no me quieres.
Y convencida como estás
Que no te quiero a ti.

Nuestras almas seguirán
Líneas divergentes.
Yo me atrevo a asegurar
Que es lo mejor.

Como dos alas hemos de ir
Atravesando la inmensidad,
Sin que se encuentren
Nuestros destinos ya nunca más.

Obras dedicadas a Luis Marquetti

Conforman esta sección una serie de trabajos que demuestran la estimación que sentimos muchos por el maestro.

Hay en ella décimas, una viñeta, una poesía de estilo libre y composiciones musicales. Todas nacieron en Alquizar y demuestran la estimación que siente el pueblo, independientemente de que hayan sido escritas por sólo 7 alquizareños. Sé que en ellas se recoge el sentir de todo un país que vio en él al símbolo del hombre puro y digno, al artista que no se desprendió de sus raíces.

Décimas

Autor: Pedro Ramírez «Peleo»

En Alquízar nació y vive
Un hombre de condición
Que lleva en su corazón
Los principios de Mendive.

Cuando se sienta y escribe
Hay que quitarse el sombrero
El maestro del bolero
Dicen hombres y mujeres,
Con amor que malo eres
Ha viajado el mundo entero.

Con sangre de veterano
Pintó el escudo y la palma
Porque Luis lleva en su alma
El patriotismo cubano.

Una flor en cada mano
Para el que viene detrás

Y yo no sé si sabrás
Que lleva en su corazón
Como única religión
El bien para los demás.

Como alumno agradecido
Nunca yo podré olvidar
A mi maestro ejemplar
A su nombre y su apellido.

Si alguna gloria he tenido
Para sentirme feliz
Recitando a mi país
Mis sencillas poesías
Esas glorias no son mías,
Esas glorias son de Luis.

Compositor eminente,
Maestro en literatura

Cuando se hable de cultura
Luis Marquetti está presente

Yo soy agua de su fuente
Y su rico manantial
Y con su inmenso caudal
Voy a morir satisfecho
Porque me llevo en su pecho
Su vergüenza y su moral.

Autor: Reinaldo González

Luis Marquetti Profesor
De mi época infantil
Leí en tu libro gentil
Como pronunciar mejor.

Quiere tributarte honor
Mi verso sin estatura
Porque la literatura
En mi cerebro grabaste
Puedo decir que creaste
En Alquízar, la cultura.

Aquellos tiempos aciagos
Cuando a tu escuela acudí
De tu palabra aprendí
Los más brillantes halagos
La miseria hacía estragos
Pero me inculcaste fe
Yo jamás lo olvidaré
Por eso el verso te entrego.
Me hablaste de Samaniego
Y del gran Cucalambé.

Querido autor de Entre
Espumas
Y de Amor que malo eres
Me enseñaron tus poderes

Como disipar las brumas
Por eso quiero que asumas
El más alto pedestal
Por tu figura genial
En mi verso te calibro
Porque tú eres el libro
Del más hermoso ideal.

Luis Marquetti. Educador
Autor: Homero Ortega

1

Jamás borrarse podrá
De nuestra mente el pasado.
A él vivimos atados,
Jamás él se olvidará,
Siempre a nosotros vendrá
Recuerdo grato y querido
Por él hemos existido
Si el presente lo tenemos
Disfrutemos, disfrutemos
De ese pasado vivido.

2

Ochenta inviernos se fueron
Y cuando a Alquízar me llego
¡Como a la infancia me entrego!
Los sueños no se perdieron
Mucho más fortalecieron
Al presente que ahora vivo
Del recuerdo soy cautivo
Más a la vida le dan
Más en el presente están
El pasado no es furtivo

3

En veintinueve, certero,
A la escuela me llevó

Mi madre y me dejó
Con Amalia en el primero
Adelina con severo
Carácter me dio el segundo
Tercero y cuarto un mundo
Un maestro excepcional
Luis Marquetti fue integral
Un educador profundo.

4

Aun su voz la tengo en mente
Suave, clara ¡como alienta!
Su decir ¡como alimenta!
Serenidad permanente
Ni un exabrupto presente
Jamás le vi un brusco gesto

5

Su técnica depurada
¡Como al alumno llegaba!
¡Como emoción le brindaba!
A la clase preparada
Esa técnica tomada
De José Corós tal vez
Éste no tuvo vejez
Dio tesón, sabiduría.
Que también yo la hice mía
Sin prejuicio ni altivez.

6

Cierto día caminando
Por Alquízar muy temprano
Me tropiezo con Luciano
Pedroso y recordando
Nos fuimos encaminando
Al aula donde estuvimos.
Allí, erecto lo vimos
Con sus niños en la escuela
Vimos a Justa y Graciela
Y el pasado revivimos.

7

Ya en el aula observamos
A Octavio Morales, quieto,
Leyendo, a Esteban Breto.
A Idilio Bravo miramos
Sentado con Jesús Ramos.
A Humberto Herrero lo vimos
Con Juan Marquetti estuvimos
Juan Izquierdo entretenido
Con Leonardito Pulido,
Con Juan Suárez departimos
Perseverante y modesto.
Esta forma la detesto
Siempre fue muy complaciente
Fue maestro diligente

8

Veo a Faustino Perera
Con Cheo Marquetti hablando
A Enrique Suárez jugando
Mientras se asoma Luis Lera
Lolito Granda era
Enjuto y muy chiquito
Hilario Gómez, gordito,
Antonio Mérida tiene
Un lápiz que no retiene
Ramón Pie muy delgadito

9

Lorenzo Lastra, hablador
A Andrés Castro lo entretiene
Y Pedro Ramírez tiene
Liga para un tirador
¿Molestará al Profesor?
Jesús Iturralde tinta
En pupitre pone, pinta
Al suelo pues la viró
Y mientras Santos Miró
En lápiz arrolla cinta.

10

Juvenal Martínez dice
Al lenguaje bien lo entiendo
José Mederos comprendo
Aritmética, ayer hice
La tarea, contradice
Con Nelson que lo miraba
Saúl Martínez hablaba
Con Aramito Morales
Con Luis se nos van los males
¡Que bien ahorita explicaba!

11

Le comentó a Luciano
René Martínez discreto
Luis suele ser muy concreto
Asegura Joaquín Cano
Con un lápiz en la mano
Reinaldo San Martín va
Progresando, nunca da
Errada contestación
Juan Valdés con decisión
Se que al cuarto llegará.

12

Tomás San Martín explica
Algo a Heráclides Chirino
Este de segundo vino
Y a Ignacio Barbón critica
Porque al cien no lo duplica
Y dice Julián García
Ayer a la casa mía
Por romper alguna cosa
A Rafael de la Osa
Fue Luis y me requería
Y la letra la mejoro
Y errores yo los deploro
Arreglo mi ortografía

13

Don Evangelio Leal
Es hijo de la Graciela
El conserje que nos vela
Dice Ildefonso Noval
De manera excepcional
Como aprendo geografía
Con Estebita García

14

Regino Arocha comenta
¡Como el maestro nos narra!
Hasta se perdió la barra
Por causa de la tormenta
Miles de muertos presentan
En Santa Cruz el desastre
Horroroso fue el arrastre
Tres mil fallecidos hubo
El viento no se contuvo
Para ese pueblo un gran desastre

15

Expresión oral ganamos
Con Luis Marquetti maestro
En expresarse muy diestro
Por ello adelantamos
Y con él ¡Cuánto ganamos!
Dice Romeo García
Armando Martínez mía
Hago yo la suma y resta
Lectura yo la hago presta
¡Como aprendo anatomía!

16

El tercero venceré
Julio García me expresa
Seremos una promesa
Y el cuarto lo aprobaré
Al sexto yo llegaré
Con letra precisa y clara

Reinaldo Veloz declara
Escribiendo en pizarrón
Luis Marquetti un gran patrón
Toda duda nos aclara.

17

Expresa Emilio Quesada
En el huerto trabajamos
Y hortalizas cultivamos
¡Como maneja la azada!
Con tierra bien preparada
Y regando diariamente
Hay producción permanente
Ágil Rolando Cabrera
Utiliza regadera
Para el riego consecuente

18

Leopoldo Campos con pluma
Y tinta que bien escribe
El maestro lo percibe
Pero jamás nos abruma
En división y la suma
Si ganamos día a día
Imiten la letra mía
Dice él con desenfado
Bien despacio y con cuidado
Pronto ganarás porfía.

19

Veo a Alejandro Alayón
En su pupitre sentado
Lo contemplo entusiasmado
Pintando con un creyón
No se observa ni un borrón
Un paisaje campesino
Dibuja con mucho tino
Veo a Enrique Castañeda
Junto a Panchito Pereda
Hablando con Juan Contino.

20

Rafael Mohedano entró
Director y nos quedamos
Perplejos y saludamos
Toda el aula se paró
¡Que disciplina marchó!
Después, respetuosamente
Un joven discretamente
Saluda a excelso maestro
Y nos dice él fue nuestro
Fue Luis Núñez ¡que decente!

21

Eduardo Alonso comenta
Con Elio Mezo, en historia
Como aprendo la memoria
No la tengo nunca lenta
Jamás está macilenta
Y para escritura presta
Mi mano siempre dispuesta
¡Como el maestro coopera!
Jamás anda a la ligera
Su actitud siempre es honesta.

22

Disfruto de la moral
Cuando Luis maestro explica
Ella en mi se cuadruplica
No es de manera formal
Para mi es corporal
Nos dice Humberto Morales
Ramón Llano: ¡Colosales
Sus clases! siempre dispuesto
Eulogio Ortega en su puesto
Hace dibujos geniales.

23

Y Rolando Echevarría
A Héctor Loyola comenta
Mira que bien Luis presenta

La clase de ortografía
Rolando Muñoz la mía
El lenguaje suele ser
José González tener,
Tener siempre yo quisiera
A Luis para que me diera
Historia para aprender.

24

Gonzalo Iturralde mira
Pintando a Genaro Arocha
En mano pincel y brocha
Roberto Llano lo admira
Armando Ortega delira
Pues nada puede pintar
Solamente sabe hablar
José Bazart en dictado
Un alumno adelantado
Joaquín González charlar.

25

Ángel Cano muy sereno
Con su libro se entretiene
Buena conducta mantiene
De ilusiones está lleno
Arístides Valdés pleno
También de ilusiones gana
Haciendo limpia su plana
¡Como el maestro contempla
A su alumnado, su tiempla
Su alma tan pura y tan sana!

26

No resisto tentación
Y a Exiquio Vélez lo sigo
Y rápido yo consigo
Moverme sin delación
Aun mantiene su acción
Puerta de hierro que fuera
Columpio de que manera
Como de alumno monté

En ella me columpié
Y todavía está entera

27

Y cuando nos despedimos
Dos jóvenes penetraban
Con respeto saludaban
Al maestro que quisimos
Y pronto nos detuvimos
Une era Ovidio García
Por su maestro venía
Juanito Garro el segundo
Este maestro es un mundo
Bajito a Ovidio García

28

Gracias imaginación
Por haberme permitido
Ir al pasado querido
Y llenarme de emoción
Y con discreta intención
A Luis traerlo al presente
Él jamás ha estado ausente
Y compañeros queridos
Hermosos ratos vividos
Vivirán eternamente.

29

Cierta vez lo sorprendí
Con un coro preparado
A dos voces fue cantado
Repertorio que aprendí
Lleno de emoción le vi
Cuando escuchó sus canciones
Fueron tantas emociones
Alumnos los que entonaron
Y con ilusión brindaron
A Luis interpretaciones.

30

«Alquízar» fue magistral

«Entre espumas» se cantó
«Boletera» se entonó
Y «Desastre» fue triunfal"
«Llevarás la marca» igual
Gustó «Plazos traicioneros»
«Todos» y «Deuda» señeros
«A ti madrecita mía»
A todos nos envolvía
Y fue Luis de los primeros.

31

¡Cuantos recursos tenía
Luis para sus clases dar!
¡Que bien sabía educar!
Maestro en Pedagogía
En cada alumno había
Un perfecto observador
Un crítico admirador
¿Escucharon opiniones?
Criterios que son opciones
Para un investigador

32

Y de su escuela diré
Que fui alumno y maestro
Como él tal vez no tan diestro
Algo más explicaré
Callado no quedaré
De la misma Director
Y también fui su inspector
Mi vida a escuela ligada
De mi nunca separada
Mi distinguido lector.

Ahora se peguntarán
¿Quién estos ripios escribe?
Pues alguien que educa y vive
Por las clases que darán
A sus alumnos más pan
A su intelecto sincero
¿Quién será este prisionero
Del trabajo cotidiano?
Ochenta cumplió y sano
Este maestro es...

Un homenaje que no puede faltar

Este será en honor de Luis Marquetti,
A quien en su hobby mucho ha dicho.
Mantengamos en ello nuestra euforia
A la altura del homenajeado.
Autor de bellas canciones
Deuda, Amor que malo eres
Y ese número inmortal, para este autor,
Un pedazo de pan.
Digamos pues que dicha ocasión
Se vestirá de gala esta vez.
Gracias a los promotores del mismo,
Nuestra gran Casa Cultural de Alquízar
A ellos sus integrantes en pleno
Va la felicitación de este autor
Reinaldo Abreu Márquez
Quien fuera alumno de Luis.
Nuestro maestro ayer
Y hoy nuestro mejor compositor del patio
Razón para nuestro júbilo
Y para decir con orgullo una vez más
Hay Marquetti para rato.

Reinaldo Abreu Márquez

Junio 25, 1983

A Luis Marquetti en sus 88 años

Autor: Antoliano Sánchez «Toyo»

Hoy quisiera para Luis
Un regalo distinguido
De valioso contenido
Y que lo hiciera feliz.

Que tenga el bello matiz
De un adorno verdadero,
La utilidad del acero
La fineza de un agudo
Sencillo como un saludo
Brillante como un lucero.

Algo como la grandeza
En un vaso de cristal
Un fluido manantial
Brotando de una cereza.
La creación, la entereza,
Simbolizando el esfuerzo
El amor del Universo,
Tan popular como el ajo,
Que suene como el badajo
Y quepa en un solo verso.

Con una lupa en la mano
Empecé a buscar la joya
Como si un cuadro de Goya
Pudiera verse en un grano.

Anduve a paso liviano
Pero el tiempo se me fue
Y busqué, busqué y busqué
Raudo como una perdiz
Algo así, como otro Luis
Pero eso, no lo encontré.

Mi querido Luis:

Recuerdas aquellas, tus primeras inquietudes. Cuando nadie lo sabía, solo tú. Cuando tu gran deseo no tenía cuerpo, ni música, ni letra. Una noche cuando no viene el sueño y llegan los recuerdos buscabas algo grande, algo importante que tocara las fibras del sentimiento humano. De pronto surge la idea.
Si lo más grande, lo más hermoso, lo más sublime para mí y para todos es la madre. Ese debe ser el título "A ti madrecita mía".
Nacía el compositor que buscaba otro tema, para una nueva canción. Lo buscaba entre las gentes, en el campo, en la escuela, pero el título lo llevaba dentro, en la sangre que le recorría el cuerpo y le subía a los labios era Sabor de Conga.
He escrito estas cosas para decirlas "Aquí entre nosotros". Todos sabemos que los humanos tienen derecho a equivocarse, pero tú le pusiste música para que se repita "Cualquiera se equivoca" y como a todos nos puede pasar no tiene por qué entristecernos "Este Desengaño".
Tú sabías que fue "Boletera" no porque quiso sino por ganarse "Un pedazo de pan". Su vida era un "Desastre" y decírselo, para ti era "Un trago amargo". No querías, dudabas, te decías "Valor Corazón". "Al fin se impuso el" "Porfiado Corazón", la llevaste "Allí donde tú sabes" con música y "Entre espumas" se lo dijiste todo. Ella quiso decir "Amor que malo eres", pero calló. Tú al despedirte le increpaste diciendo todo está dicho, ahora si quiere "Denúncieme señora".
Y para terminar querido Luis, quiero decirte que no habrán más "Plazos traicioneros", que la era está pariendo "Un nuevo corazón", que entre los mejores tú "Llevarás la marca" que Alquízar, tus alumnos, tus amigos, tus compañeros tendremos para contigo siempre una "Deuda", una deuda de gratitud.

Antoliano Sánchez, "Toyo". Septiembre 11, 1981.
Homenaje de la Trova de Alquízar en la Casa de la Cultura.

Homenaje en composiciones musicales

A Luis Marquetti (Bolero)
Autor: Armando Laborde del Pozo

A usted, maestro de los años
Con permiso le dedicaré
Esta letra que lleva su nombre
Luis Marquetti, maestro y profesor.

Sus obras, de autor inigualable
Han llenado de ilusión el corazón,
Como jardín lleno de perfume
Y sus rosas abiertas al amor.

El pentagrama, con notas imborrables
De Melodías llenas de amor
Lo han convertido a usted, maestro
En gloria de Alquízar y de fama mundial.

Luis Marquetti, maestro de los años,
Profesor, por siempre será
Hoy sus letras pasean por el mundo
Dándonos vida y felicidad.

Homenaje (Bolero)
Autor: Luis César Núñez

Maestro me ha brindado
Hoy una hermosa clase
Que no quiero olvidar.

Y aunque pudiera serlo

No ha sido de armonía, historia o español.
Sentados conversamos de cosas de su vida,
De canciones que a todos nos han hecho soñar.

Y usted me ha demostrado
Que palabras opuestas,
Son en verdad lo mismo
Aunque extraño será.

Pues hoy en su persona
Modestia y grandeza se unen para siempre
Y es eso lo que quiero
Esta noche cantar.

Dedicadas postumamente

Hombre sin rostro (Bolero)

Autor: Luis César Núñez

Un hombre sin rostro
Anda por el mundo.
Muchos le conocen
Aunque no lo ven.

Vive en las estrellas,
Anda en sus boleros,
Alienta pasiones
En el corazón.

Esparce cual flores al viento
Bellas melodías.
Regala el más tierno mensaje
Que cante al amor.

No importa que su noble rostro
Nunca hayas visto.
Sabrás cuando toque a tu puerta
Que ese hombre llegó.

Has partido y aquí estás (Bolero)

Autor: Luis César Núñez

Has partido a un viaje sin regreso.
Has partido, y nunca volverás.
Pero quedas en todas tus canciones,
En esas melodías, que siempre vivirán.

Supiste que entre brumas
Nunca vivirás.
Dijiste que las deudas del amor
Se han de pagar.

Hablaste con el sol
Y fuiste como él.
Siempre renacerás
En un nuevo corazón.

Has partido
Y sin embargo quedas,
En mi alma
Tú siempre vivirás.

GALARDONES OTORGADOS A MARQUETTI COMO EDUCADOR

- Certificado de Mérito (11 de setiembre, 1937).

- Felicitación del Subsecretario (Vice Ministro) de Educación por su Club Agrícola (18 de setiembre de 1939).

- Diploma de Mérito (31 de agosto de 1940).

- Diploma de Honor en las Exposiciones Nacionales de la Dirección de Enseñanza y Propaganda Agrícola (18 de febrero de 1940 y 31 de marzo de 1942).

- Cuarto Premio Nacional de Concurso Agropecuario Inter Clubs (24 de junio de 1944).

- Quinto lugar en el Escalafón Municipal Curso 1943-1944.

- Gran Premio Concurso Inter Clubs (20 de abril de 1944).

- Nombramiento como director sin aula (enero 21 de 1946).

- Orden por 25 años de Magisterio (20 de mayo de 1948).

- Medalla Oficial Conmemorativa del Primer Centenario de la Bandera (4 de diciembre de 1950).

- Orden Juan Gualberto Gómez (1957).

Documentos

Durante muchos años han existido entre nosotros y la familia Núñez González relaciones más que amistosas, profundamente fraternales.

Los que ya rebasamos las siete décadas de vida y los que hoy físicamente no nos acompañan compartimos el aula, la convivencia diaria.
Los que ejercimos el magisterio tuvimos en Luis Núñez y Mercedes González verdaderos compañeros.
Los más jóvenes continuamos el camino emprendido por nuestros progenitores de forma continua, ininterrumpida.

A partir de los años 80, al regresar desde la capital a su tierra natal, Luis César Núñez encontró en el maestro y compañero de su padre disposición para encaminarlo en el bello y difícil camino de la composición musical.
Simultáneamente el maestro encontró en Luis César al alumno y amigo, nuevo promotor de su obra, capaz de compartir junto a él horas captando conocimientos, desarrollando conversaciones de distinta índole o acompañándolo en un programa de televisión, un homenaje, o en un centro asistencial, como ocurrió en varias oportunidades.

Desde el momento en que despidió el duelo, Luis César asumió moralmente la responsabilidad de hacer todo lo posible y quizás hasta lo imposible para perpetuar la memoria de Luis.

En todos estos años su conducta no ha variado.
Con pasión ha cumplido el compromiso moral asumido.
Con amor y pasión musicalizó textos que al fallecer nuestro hermano, nuestro tío, carecían de líneas melódicas.

Por todo ello es que hoy, nosotros, familiares de Luis Marquetti, suscribimos este documento como constancia de que las viejas raíces sustentan un frondoso, robusto y reverdecido árbol al que ni las más fuertes tormentas podrán derribar.

Alquízar, agosto 29 del 2000.

Documento firmado por la familia de Luis Marquetti.

Una noche
se sentó a mi mesa
y en las copas
bebí todo su amor
Transcurrieron sólo dos semanas
tras las cuales mi vida se llevó

Desde entonces
los hilos de mi llanto
entretejen la urdez de mi mi dolor
nadie sabe que mis penas
son tan grandes
que me doblan el corazón
mas no importa
yo sé que está en mis manos
el aliviar mi desventura
si este amor
nació de una cerveza
otra cerveza beberé para olvidar
un querer que pasó en una mesa
entre espumas se debe sepultar

Texto del manuscrito canción «Entre espumas».

A TI, MADRECITA MIA
CANCION-BOLERO
LETRA Y MUSICA DE LUIS MARQUETTI MARQUETTI

Registrado conforme a la Ley

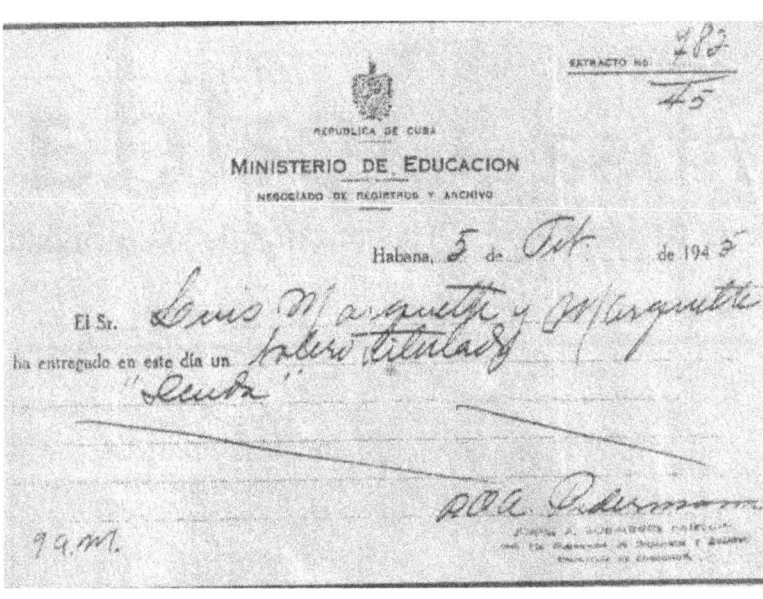

Registro de la canción «Deuda».

Obra poco conocida.

Carta a Manuel Villar

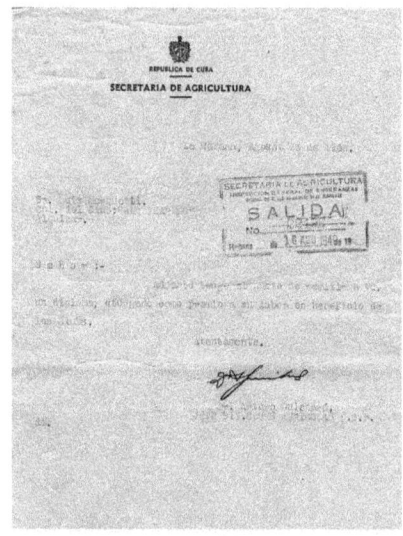

Carta de reconocimiento Secretaría de Agricultura 1940.

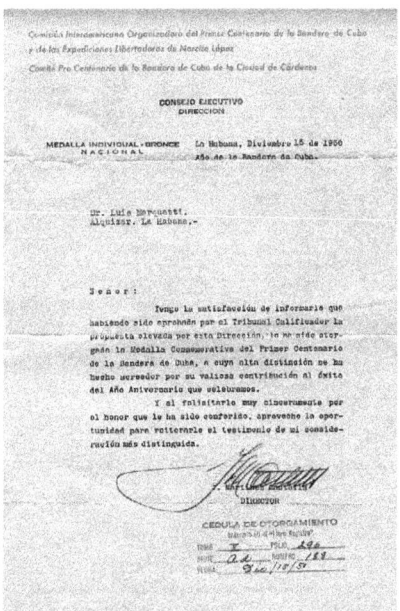

Medalla comemorativa del Primer Centenario de la Bandera 1950.

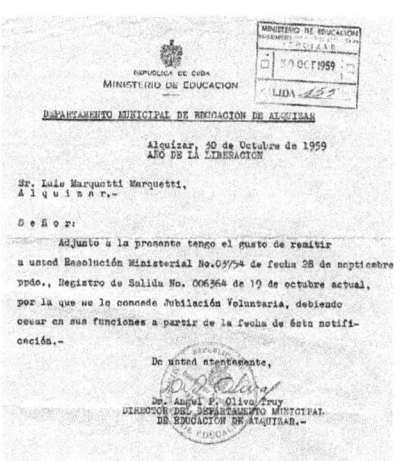

Documento de jubilación.

Primer Festival del Bolero.

Luis en el Primer Festival del Bolero.

Fotos

Juan Formell entregando el Girasol de Cristal a Marquetti. Cabaret Tropicana, enero de 1990.

Roberto Sánchez, Marquetti, el autor, y Benito Llanes. Cine Teatro Alquizar.

De izquierda a derecha: Gladys Almanza, Roberto Sánchez, Juan José Suárez y María Elena Pena junto a Luis Marquetti.

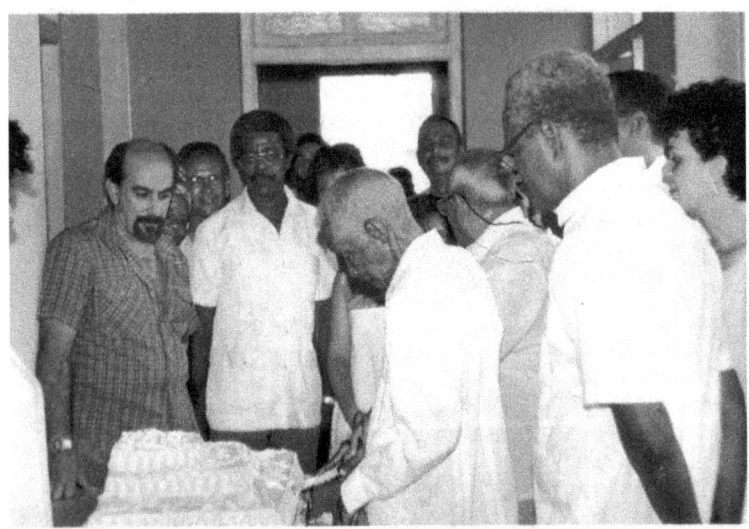

En la casa de Marquetti. 6 de agosto de 1990. De izquierda a derecha, Francisco «Pancho» Amat, Francisco Pérez Guzmán, José Loyola, Luis Marquetti, Ricardo Sánchez, Homero Ortega, Eduardo Ramos.

De izquierda a derecha: Roxana Marquetti(nieta), Mercedes Marquetti (hija), Ricardo Sánchez (esposo de Mercedes), Pablo Marquetti (hijo) junto a Luis Marquetti en su día de cumpleaños.

De izquierda a derecha: Gladis Hojas, Pablo Marquetti, Lui Marquetti, Teresa Marquetti y Mercedes Marquetti. Cumpleaños de Luis, 24 agosto de 1988. Casa de la Cultura José María Díaz, Alquizar.

Última guardia de honor: Eduardo Ramos, José Loyola, Luis César Núñez y Helio Orovio. En primer plano: María de los Ángeles Medina Ramos.

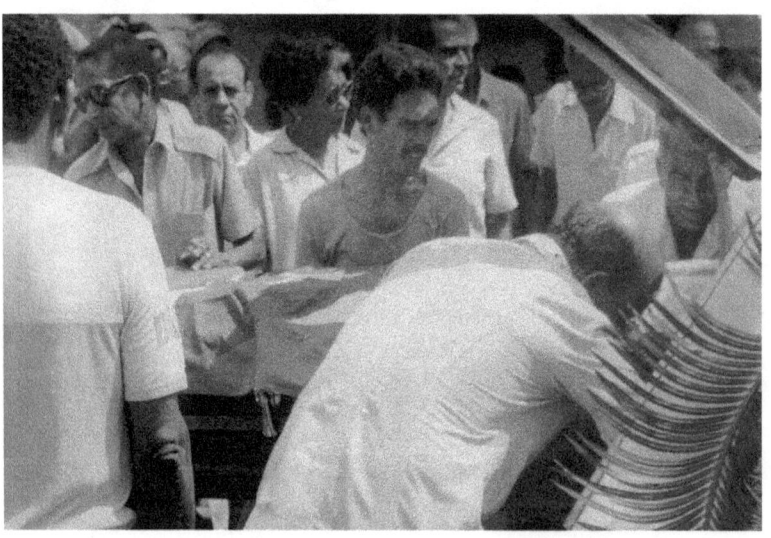

Salida del sepelio.

Llegada al cementerio.

Manuel Villar y el autor en la presentación de la 1ra edición. Biblioteca Nacional, La Habana, febrero 27, 2002.

Luis Marquetti.
Foto: Cortesía de Archivo familia Marquetti.

Nota de prensa de entrevista a Israel Marquetti, hermano de Luis Marquetti. 27 de agosto de 1991. Periodico el Habanero.
Foto: Cortesía de Archivo familia Marquetti.

ÍNDICE

Lo que hubiera querido escribir / 11

Prólogo / 15

El hombre / 21

El artista y su obra / 25

Su género: El bolero / 29

De Alquízar al Mundo / 34

La grandeza como autor / 49

Renacer / 56

Adios / 61

Luis en el recuerdo / 65

Anexos

Títulos grabados e intérpretes / 81

Cancionero / 85

Obras dedicadas a Luis Marquetti / 139

Homenaje en composiciones musicales / 148

Dedicadas postumamente / 149

Galardones otorgados como educador / 151

Documentos / 152

Fotos / 159

Bibliografía / 169

Bibliografía

Águila, Víctor: Bajo el signo del bolero. *El habanero.* Agosto 23 de l987.

Balari, Eugenio: Palabras en la entrega de los Girasoles. *Revista Opina.* Febrero de 1990.

Bulit, Ilse: ¡El bolero! *Revista Bohemia* No. 49. Dic. 5 de l980.

César, Antonieta: Una deuda de medio siglo. *Trabajadores.* Feb 6 de 1995.

Collazo, Bobby: *La última noche que pasé contigo.* Ed Cubanacán. Puerto Rico. 1987.

De la Espriella Ossío, Alfonso. Historia de la Música en Colombia a través de nuestro bolero. Enero de 2005. Bogotá, Colombia.

Díaz Ayala, Cristóbal: *Cien canciones cubanas del milenio.* Ed. Alma Latina. 1999.

García Marcano, José Francisco: Siempre Boleros. Univ. De Carabobo. Venezuela. 1994.

--------------------Luis Marquetti: Un hombre sin rostro. *El Caraboeño.* Valencia. Venezuela. Mayo 16 de 1993.

Giro, Radamés. *Diccionario Enciclopédico de la Música Cubana.* Editorial Letras Cubanas. La Habana. 2007.

Herrera, Pedro: Boleros y Boleristas. Tropicana Internacional No. 2. 1996.

Marrero Pérez de Urría, Gaspar. Los Tríos y la Música de Luis Marquetti. Ponencia presentada al XVII Encuentro Provincial de Tríos. Escuela de Música Ernesto Lecuona. Sancti Spiritus. 27 de septiembre de 2006.

Martín Oramas, Fidelia y Bertha Miqueli Rodríguez: La eticidad en las composiciones de Luis Marquetti y su contribución a la identidad 2º Coloquio Luis Marquetti y el Bolero. Alquízar. Marzo 28 del 2003.

Martínez, Raúl y Fernández Reyes, E: *Benny Moré.* Ed. Letras

Cubanas. La Habana. 1981.

MORA, Orlando: *La música que es como la vida*. Ediciones Autores Antioqueños. Medellín. Colombia. 1989.

OROVIO, Helio.: *Diccionario de la Música Cubana*. Ed. Letras Cubanas. La Habana. 1981.

-----------------: El Bolero en La Habana: Luis Marquetti. Simposio Boleros de Oro. Uneac. C. de La Habana. 1987. Biblioteca CIDMUC.

-----------------: *300 Boleros de Oro*. Inst. Nac. Antropología e Historia de México – Uneac. 1991.

-----------------: Daniel Santos y los boleros de Luis Marquetti. II Coloquio Luis Marquetti y el Bolero. Alquízar. Marzo 28 del 2003.

PÉREZ Fernández, Estela: La difusión de las composiciones de Luis Marquetti y los ariguanabenses. 2º Coloquio Luis Marquetti y el Bolero. Alquízar. Marzo 28 del 2003.

RAMÍREZ Bedoya, Héctor. Comunicación personal.

REYES González, Solange: Luis Marquetti: Un Pedagogo Ejemplar. 2º Coloquio Luis Marquetti y el Bolero. Alquízar. Marzo 28 del 2003.

 RICO Salazar, Jaime.: *100 Años de Bolero*. Centro Editorial de Estudios Musicales. Ed. Printer. Colombia. Bogotá. 1987.

Sección «Cuba Canta». *Revista Cuba y México* No. 5. 1956.

Universidad Veracruzana: Los Cien Mejores Años de Nuestras Vidas. Gobierno del Estado de Veracruz. México,1996.

ARCHIVOS DE DATOS

Centro de Investigación y Desarrollo de la Música Cubana: Fondos Marquetti Marquetti, Luis. Archivo Personal.

Museo de la Música: Fondos.

Museo de Historia Municipal de Alquízar: Fondos.

Parroquia de la Purísima Concepción y San Agustín: Libro Diez General.

Registro del Estado Civil de Alquízar: Tomo 30.

Archivos fonográficos

Dirección de Música de la Radio Cubana.
Empresa de Grabaciones y Ediciones Musicales (EGREM).
Instituto Cubano del Arte e Industria Cinematográficos (ICAIC).
Museo de la Música.
Radio Ariguanabo.
Radio Progreso.
Radio Rebelde.

Testimonios

Benito Llanes Calero.
Bernardo Delgado.
Eduardo Rosillo Heredia.
Elio Meso González.
Félix Contreras.
Gladys Hojas Cruz.
Gustavo Marquetti.
Israel Marquetti.
Laudelina Barbón.
María Elena Pena.
Pablo Marquetti Colomé.
Raúl Sierra.
Oslaida Vidal.

ACERCA DEL AUTOR

Luis César Núñez

Alquízar, Cuba, 1946. Graduado de Bioquímica y especialista en Microbiología, se interesó por la obra de Luis Marquetti a partir de el año 1983, cuando su madre perteneciente al taller literario de la localidad le comenta que habían acordado en el taller hacer una investigación sobre las Verbenas en Alquízar y él entonces le propone que era mucho mejor investigar sobre la vida y obra de Luis Marquetti, para lo cual el estaba dispuesto colaborar e inmediatamente se incorpora al taller literario y asume el reto.

Con el decursar del tiempo, casi sin darse cuenta, Luis César Núñez se convirtió en el biógrafo de Luis Marquetti y en aquella época de los años 80, se convirtió prácticamente en la sombra del compositor.

En el año 1992, estando ya Luis Marquetti fallecido, participa en el Coloquio Boleros de Oro, con la Ponencia: grabaciones de la obra de Luis Marquetti. También en ese año participa en el encuentro de radiodifusores de música latinoamericana y caribeña en la Casa de Las Améritas.

En el año 2006, se le otorgó por parte de la Comisión de Grados Científicos del Ministerio de Cultura (Cuba), la condición de Investigador Agregado.

Sus ensayos: Música, identidad e integración. Algunas consideraciones, Las relaciones entre el Apóstol y Doña Leonor, Origen y desarrollo de la décima cantada en La Habana, han sido premiados por la Oficina del Programa Martiano y la Casa Iberoamericana de la Décima El Cucalambé.

OTROS TÍTULOS

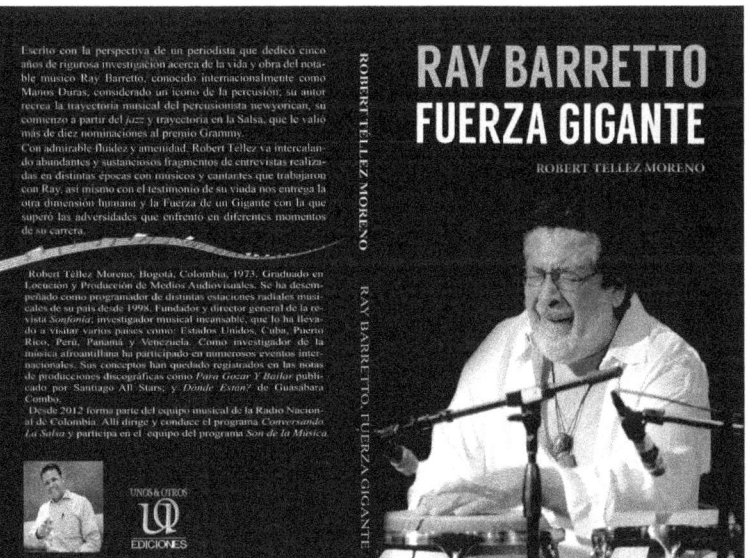

Dulce Sotolongo conoció de forma casual a Leopoldo Ulloa, le propuso entrevistarlo para hacer un libro y surgió una inquebrantable amistad. La autora hace un recorrido por la vida del compositor a través de sus canciones e intérpretes logrando un rico testimonio de la música cubana, entre los artistas que cantaron sus composiciones están: Celia Cruz, José Tejedor, Tirso Guerrero, Celio González, Caíto, Lino Borges, Wilfredo Mendi, Moraima Secada, Roberto Sánchez, Clara y Mario, Los Papines, Pío Leyva. *En el balcón aquel* es un libro que te atrapa desde la primera línea, no permitirá que dejes de leer hasta su final.

Para los amantes de la música cubana de todos los tiempos, esta será una edición muy especial porque rinde honor a quien honor merece, a un grande del bolero: Leopoldo Ulloa.

Eduardo Rosillo Heredia

Autodidacta, creador absolutamente intuitivo, un día compuso «Como nave sin rumbo», Luego surgió una larga fila moruna: «Destino marcado», «Me equivoqué», «Perdido en la multitud», grabados por Frank Fernández; «Te me alejas», «Es triste decir adiós», «No extraño tu amor», «Adiós me dices ya»; y el representativo «Por unos ojos morunos». Esta producción sitúa a Leopoldo Ulloa, como el más sostenido y consecuente creador de la línea del bolero moruno.

Helio Orovio

EN EL BALCÓN AQUEL

LEOPOLDO ULLOA, EL BOLERO MÁS LARGO: SU VIDA

DULCE SOTOLONGO

FRANKIE RUIZ

Han pasado veinte años de la muy temprana desaparición física de Frankie Ruiz, un hombre que con un genuino estilo, carisma, voz cálida y dulce, nos dejó un gran legado musical. La figura de Frankie surgió en un momento trascendental para la industria, justamente en uno de los periodos de mayor dificultad para la promoción de la música salsa. Su influencia marcó una pauta que aún perdura en muchas generaciones de artistas.

Solo contaba 40 años al morir, pero su vida y obra, merecen ser contadas. Sin duda, Frankie fue el primer cantante líder del movimiento de salsa romántica y el inspirador para otras figuras que luego alcanzaron el éxito. Su particular estilo cargado de *swing* y su personalidad arrolladora, lo convirtieron en ese icono que representa una salsa con letras que enamoran, acopladas espléndidamente mediante arreglos musicales cadenciosos y muy bailables, una fórmula ganadora que hoy sigue dando resultados.

Los autores de este libro, Robert Téllez (colombiano) y Félix Fojo, (cubano) rememoran de una manera agradable, novelada, la vida y trayectoria musical de este ídolo del pueblo que fue Frankie Ruiz.

Es también un homenaje al Puerto Rico querido de Frankie, la bella Isla del Encanto, a sus paisajes, música y su gente. Al Papá de la salsa, su carrera, su público, *fans* en muchas partes del mundo, a los músicos, a los compositores, arreglistas y productores, a los manejadores, a su familia, en fin; a todos aquellos que hicieron posible que un talento tan natural como el de Frankie Ruiz, pudiera alcanzar el lugar en la historia de la música que merecía.

Es para Frankie, como: Volver a nacer.

THE BEATLES

EL LARGO Y TORTUOSO CAMINO DE LOS BEATLES

JOAO PABLO FARIÑAS GONZÁLEZ

Los Beatles, el grupo más admirado de la década del 60 y uno de los mejores de todos los tiempos, iniciaron una revolución cultural que trascendió más allá de la música. Es por eso por lo que ni las generaciones actuales quedan indiferentes a sus letras, ritmos e historia. *El largo y tortuoso camino de los Beatles* es un recorrido por la trayectoria de los *Cuatro Fantásticos*, desde sus inicios hasta la disolución del grupo. Sus seguidores, así como cualquiera que quiera descubrir la magia de los chicos de Liverpool, podrán disfrutar en este libro de entrevistas, reseñas de álbumes y canciones, y estadísticas de sus posiciones en la revista *Billboard*. Asimismo, su autor, Joao Pablo Fariñas González, nos invita a seguir la huella de estos músicos tras su separación, recorriendo sus carreras y vidas en solitario, para completar la historia y leyenda de este famoso grupo. Al concluir, el lector solo corre un riesgo: convertirse en un fanático de los Beatles —si es novel—, o disfrutar con pasión de la continuación de la *Beatlemanía*.

UNOS&OTROS EDICIONES

FLORES PARA UNA LEYENDA, YARINI EL REY DE SAN ISIDRO

MIGUEL SABATER REYES

Ochenta años después de la muerte del proxeneta Alberto Yarini, ocurrida por motivos pasionales en 1910, en el barrio de San Isidro, un joven historiador visita la tumba del legendario chulo para cumplir una promesa contraída con un amigo. Un misterioso búcaro que siempre tendrá flores frescas sobre el sepulcro del proxeneta, le estimula a emprender una investigación en la que afloran vivencias de la vida del protagonista Luis Fernandez Figueroa y su relación con el mítico personaje.

Miguel Angel Sabater Reyes (La Habana, 1960), Licenciado en Filología en la Facultad de Artes y Letras de la Universidad de La Habana. Ha publicado *Cuentos Orichas* (Extramuros), de la Editorial Unos&Otros los títulos, *Crónicas Humorísticas cubanas* (2014). *Los últimos días de Jaime Partagás* (2013), *La Virgen de Regla y Yemayá* (2014).

Su novela es en verdad apasionante, y se estructura de forma singular...
El Nuevo Herald / Olga Connor

Escrita por un historiador e investigador sagaz, la novela nos deja una admiración contenida que alimenta la llama de un mito que el tiempo no podrá apagar, a pesar de inútiles y continuas explicaciones.
Eusebio Leal Spengler, Historiador de La Habana.

UNOS&OTROS EDICIONES

Félix J. Fojo

La Habana, Cuba, 1946. Es médico, divulgador científico y apasionado de la historia. Exprofesor de la Cátedra de Cirugía de la Universidad de La Habana. Desde hace muchos años reside entre Florida, EE.UU. y Puerto Rico. Es editor de la revista *Galenus*, importante revista para médicos de Puerto Rico.

Ha publicado artículos de opinión y divulgación en diferentes medios periodísticos de EE.UU. y Europa.

Entre sus libros publicados: *Caos, leyes raras y otras historias de la Ciencia* (Ed. Palibrio, 2013); *De médicos, poetas, locos... y los otros* (Ed. Palibrio, 2014); *De Venus a Bouvro* (Ed. Unos&OtrosEdiciones, 2017); *No preguntes por ellos* (Unos&OtrosEdiciones, 2017).

La muerte no siempre llega tan plácida y dignamente como nos gustaría. Tanto para las personas comunes y corrientes como para aquellos elegidos que han llevado una vida relevante: guerreros, políticos, dictadores, científicos, artistas, músicos. La muerte es siempre un evento digno de atención. Y cuando la miramos de cerca, a veces encontramos circunstancias extrañas, sospechosas, sin explicaciones claras y definitivas, no concordantes o anómalas, en dos palabras, muertes oscuras. Y de esas muertes oscuras está llena la azarosa historia de la medicina que no es más que la historia de la humanidad.

El autor no intenta un estudio puramente paleopatográfico, esa especialidad forense relativamente nueva que investiga *in situ*, y con tecnología de avanzada, osamentas, momias y tumbas con el fin de diagnosticar, como se haría en un hospital ultramoderno, las más recónditas enfermedades y causas de muerte de los finados que yacen bajo los microscopios y aparatos de resonancia magnética. Sus expectativas son mucho más modestas, pero se alimentan del mismo entusiasmo por ir un poco más lejos en el diagnóstico, la clave médica por excelencia, y así ofrecer una nueva visión de ciertos eventos terminales, por abordar e investigar más allá de la muerte, por encontrar un detalle o una posible explicación que se ha pasado por alto anteriormente o que pueda tentar a un investigador en ciernes a una pesquisa histórica más detallada.

FÉLIX FOJO
MUERTES OSCURAS

UNA MIRADA CURIOSA A LA HISTORIA CLÍNICA DE FAMOSOS

HISTORIA DE LA SANTERÍA CUBANA

Historia de la santería cubana, no es un libro más de los muchos que, desde la década de los 90, se han publicado en Cuba y el resto del mundo sobre el tema. Se trata de un estudio que aborda las formas tradicionales de la santería con las variantes asumidas en la sociedad cubana desde su introducción en la isla hasta nuestros días. Aplicando el análisis que vincula aspectos de diferentes disciplinas como la antropología y la sociología, el autor reflexiona en temas como la instauración del imperio yoruba, el proceso ritual de iniciación personal, el código ético e identitario de la Regla de Ocha, definición de Oricha, orígenes del sistema oracular del Ifá, entre otros, para ofrecernos en estos trece ensayos, una variedad de puntos de vista sobre un fenómeno tan consustancial a la idiosincrasia cubana como son las tradiciones afro-religiosas.

 Nelson Aboy Domingo (Cuba, 1948). Lic. Teología. Instituto Superior de Estudios Bíblicos y Teológicos, ha cursado numerosos diplomados en Antropología y Etnología. Sus estudios se han enfocado, principalmente, en las religiones afrocubanas. En este campo destacan títulos como *Nuestra América Negra, Territorio y Voces de la Interculturalidad Afrodescendientes*.

Es miembro de la Unión de Historiadores de Cuba y colaborador de disímiles instituciones culturales, Presidente del Consejo Científico de La Casa Museo de África adjunto a la Oficina del Historiador de la Ciudad de la Habana, Miembro Permanente de The Nacional African Religión Congress Philadelphia, California, EE.UU.

HISTORIA DE LA SANTERÍA CUBANA

NELSON ABOY DOMINGO

DRAMATURGAS CUBANAS DEL SIGLO XIX

En *Dramaturgas cubanas del siglo XIX*, sus autores rescatan un tema poco tratado en la literatura cubana: la mujer en el género teatral. Son cinco autoras conocidas por sus aportes en la poesía, la novela y el periodismo en los finales del siglo XIX y principios del XX en Cuba, pero con escaso reconocimiento en las artes escénicas: Aurelia Castillo de González; Virginia Felicia Auber y Noya; Catalina Rodríguez de Morales, Eva Canel, y Pamela Fernández de Lande.

El principal mérito de estas autoras es haber roto con el canon de lo que se consideraba la literatura femenina del momento, es decir poesía amorosa, demasiado lírica o edulcorada. Para la mujer se reservaba el espacio privado, el hogar, la familia o bien la vida religiosa en el encierro de un convento. Su honra constituía para ella el mayor tesoro y debía preservarlo a toda costa.

Los temas filosóficos, políticos, sociales, eran reservados para el hombre. La mujer veía constreñido su intelecto. A pesar de ello, como vemos en este caso, un grupo de osadas damas escapan al estereotipo y someten a cuestionamiento la realidad cotidiana.

UNOS&OTROS
EDICIONES

DRAMATURGAS CUBANAS DEL SIGLO XIX

RAMÓN MUÑIZ NACIMIENTO
ROXANA MENA FONSECA

En *Cuentos travestidos*, Ernesto Rojas nos entrega veintidós historias intensas que trascienden el tiempo. Erotismo, confusiones, humor, ironía y sobrecargas emocionales. Cuerpos que fluyen para amar y entregarse con toda la diversidad posible entre los seres humanos. Los personajes desafían las fuerzas de una sociedad homofóbica y patriarcal que insiste en reprimirles el derecho a ser felices. Son historias que se disfrazan de algo que no son, para luego mostrar su verdadera esencia.

Cada cuento ofrece al lector una experiencia interesante, desarrollada con una meticulosidad impecable. Es una lectura fácil y amena con finales inesperados en la que se pueden descubrir, entre otros misterios, aristas de «la vida gay» con características comunes en cualquier región del planeta.

Ernesto Rojas Suárez. La Habana, Cuba, 1968. Desde su infancia mostró inquietudes literarias. En la adolescencia se decidió por las artes escénicas y en especial por la danza. Aunque se profesionalizó como bailarín, coreógrafo, director artístico y guionista en importantes teatros, cabarets y centros nocturnos, siempre encontró en la escritura una manera de canalizar el estrés y ejercitar la imaginación sin llegar a asumirlo como una profesión. Escribir para él, es exorcizar los demonios que lleva dentro.

CUENTOS TRAVESTIDOS

Ernesto Rojas Suárez

UNOS&OTROS

EDICIONES

Personajes que desafían las fuerzas de una sociedad homofóbica y patriarcal.

www.ingramcontent.com/pod-product-compliance
Lightning Source LLC
Chambersburg PA
CBHW022359040426
42450CB00005B/254